Robin Gauldie

GOA ET BOMBAY

KÖNEMANN

*** Fortement conseillé
** Conseillé
* À voir éventuellement

© 1999 New Holland (Publishers) Ltd
Première publication en 1996
par New Holland (Publishers) Ltd

© 1996, 1999 Texte : Robin Gauldie
© 1996, 1999 Cartes : Globetrotter Travel Maps
© 1996, 1999 Photos : voir crédits
photographiques
© 1996, 1999 New Holland (Publishers) Ltd.

Titre original :
Globetrotter Travel Guide *Goa and Bombay*

Copyright © 2000 pour l'édition française, revue
Könemann Verlagsgesellschaft mbH
Bonner Straße 126, D-50968 Cologne

Traduction de l'anglais : Carole Coen
Correction : Marie-Laurence Sarret
Suivi éditorial : Sybille Kornitschky
Réalisation : mot.*tiff*, Paris
Design de couverture : Peter Feierabend
Fabrication : Ursula Schümer
Impression et reliure :
Sing Cheong Printing Co. Ltd.
Imprimé à Hong Kong, Chine
ISBN 3-8290-2401-0
10 9 8 7 6 5 4 3 2 1

L'auteur aimerait remercier les personnes et
les organismes suivants pour leur aide précieuse :
le ministère du Tourisme du gouvernement israé-
lien, El Al, Dan Hotels, Vered Hagalil, Nirvana
Resort and Spa Hotel et Ziv Cohen.

Crédits photographiques :
Jeanette Baker (Photobank), page 17 ; **David
Beatty (RHPL)**, page 96 ; **Geoff Benson**, page 92 ;
Mark Boekstein, page 7 ; **Gerald Cubitt**, pages 10
(en haut), 19 (en bas), 26, 62, 67, 68, 70, 77, 93, 108,
119 ; **Alain Evrard (RHPL)**, pages 19 (en haut), 52 ;
FootPrints, page 35 ; **Robert Harding**, pages 6, 9
(en bas), 10 (en bas), 36, 45 (en bas), 100, 101 ;
Nigel Gomm (RHPL), page 30 ; **Cecilia Innes**,
pages 15, 46 (en haut et en bas), 103 ; **Maurice
Joseph (RHPL)**, pages 29, 44, 49, 56, 63, 106 (en
bas), 110 (en haut) ; **LifeFile**, pages 18, 24, 25, 28,
48, 50, 61 (en haut), 82, 85, 86, 89, 91, 98, 99, 102,
104, 106 (en haut), 112, 113, 120 ; **The Mansell
Collection**, pages 13, 16 ; **Neil McAllister**, pages 8,
12, 27 (en haut et en bas), 80 (en haut et en bas),
105 ; **Oren Palkovitch (RHPL)**, page 33 ;
PictureBank, pages 4, 9 (en haut), 37, 87, 111 ;
Simon Reddy, pages 14, 51, 59, 88, 110 (en bas) ;
Sassoon (RHPL), page 116 ; **Michael Short
(RHPL)**, pages 20, 21, 22, 23, 40, 43, 45 (en haut),
47, 60, 61 (en bas), 65, 73, 74, 75, 76, 78 ; **Chase
Swift (RHPL)**, page 79 ; **Travel Ink/Abbie Enock**,
pages 11, 53, 64, 66, 90 ; **JHC Wilson (RHPL)**,
pages 34, 119 (en haut).

SOMMAIRE

1
Bienvenue à Goa

L'État de Goa, héritier d'un patrimoine portugais vieux de quatre siècles, forme une entité à part dans la vaste mosaïque de cultures, traditions et religions qui composent l'Inde moderne.

Bénéficiant de plages comptant parmi les plus belles du sous-continent, d'un climat idéal en période hivernale et d'un éventail d'hébergements allant de la plus modeste des pensions au plus luxueux des complexes, ce territoire baigné par la mer d'Oman est devenu l'une des destinations touristiques tropicales les plus prisées au monde, attirant toujours plus de visiteurs chaque année.

Sable blanc, soleil généreux, fruits de mer exceptionnels, prix modiques – autant d'atouts qui, pourtant, ne représentent qu'une des facettes de Goa. En marge des piscines et des terrains de golf des hôtels de luxe, il existe en effet une Inde aussi traditionnelle qu'exotique : vaches sacrées déambulant sur les routes poussiéreuses, pêcheurs hissant leur barque colorée sur le sable ou buffles tirant la charrue dans les champs… Contrairement à bien d'autres régions du pays, Goa impose un choc culturel limité au visiteur confronté pour la première fois aux merveilles et aux difficultés de l'Inde. Bien que très peu de Goanais jouissent d'un niveau de vie comparable à celui d'un Occidental, l'État reste épargné par l'extrême pauvreté qui touche les zones les moins favorisées du sous-continent.

À NE PAS MANQUER

*** Old Goa : ruines spectaculaires de la première capitale portugaise au XVIe siècle.
*** Panaji : capitale de l'État de Goa, ville nonchalante édifiée par les Portugais.
*** Anjuna : village animé bordé d'une superbe plage, près de laquelle se tient un marché hebdomadaire haut en couleur.
*** Aguada : ruban de sable paradisiaque abritant des complexes hôteliers de luxe.
** Colva-Benaulim : loin de la foule, tout le plaisir d'une plage de sable blanc à perte de vue.

Page ci-contre : *la plage de Colva, l'une des plus belles du sud de l'État, dont les rivages préservés s'étirent sur des kilomètres.*

Ci-dessous :

les embarcations de pêche
traditionnelles marquent
la physionomie des plages
goanaises.

LE PAYS
Montagnes et cours d'eau

Baigné par la mer d'Oman, l'État de Goa s'étire sur la
côte occidentale de l'Inde, à quelque 600 km au sud de
Bombay. Il est encadré par le Maharashtra au nord et le
Karnataka au sud et à l'est.

Totalisant à peine 100 km de long sur 50 km de large,
Goa est le plus petit des États indiens. Bordé d'un littoral
dépourvu du moindre relief, l'intérieur s'élève progressivement vers les pentes escarpées des monts **Sahyadri**,
qui marquent la limite orientale de l'État avant le haut
plateau aride du Karnataka. Plusieurs rivières y prennent leur source avant d'arroser les plaines fertiles. Cinq
grands estuaires ponctuent le littoral goanais. Deux
cours d'eau majeurs, la **Zuari** et la **Mandovi**, coupent à
travers le territoire pour converger en une vaste baie
séparant la côte en deux.

Mers et côtes

La capitale de Goa, **Panaji**, occupe la rive méridionale de
la Mandovi, à quelques kilomètres en aval de l'ancienne
capitale portugaise, **Velha Goa** (Old Goa). Plus au sud, de
l'autre côté de la Zuari, s'étend le centre portuaire, ferroviaire et industriel de **Vasco de Gama**, du nom du grand
explorateur portugais, premier Européen à avoir abordé
ces rivages.

C'est au nord de la
Mandovi que le littoral
est le plus développé :
Fort Aguada, l'un
des premiers bastions
portugais, n'est plus
aujourd'hui qu'un com-
plexe hôtelier de luxe.
Un peu plus loin,
Calangute et **Baga** abritent des lieux de villé-
giature de taille et de
catégorie moyennes, et
aux tarifs à l'avenant. Si

le site suivant, **Anjuna**, jouit encore de la faveur des voyageurs indépendants, il semble destiné à subir le même sort que ses voisins. Plus au nord, cependant, le village de **Chapora**, dont les hébergements bon marché attirent une population touristique plus jeune, marque la limite septentrionale du tourisme de masse.

Au-delà de la rivière Chapora s'étendent des plages quasi désertes, mis à part quelques bateaux de pêche et des voyageurs que des conditions de séjour pour le moins rudimentaires n'effraient pas.

Ci-dessus : *Goa, dont les eaux foisonnent de 180 espèces de poissons et crustacés, possède une importante industrie de pêche.*

Au sud de Vasco de Gama et de l'aéroport, la bande sableuse de **Bogmalo** offre plusieurs hôtels de catégories moyenne et supérieure. Au sud de cette baie s'étire une plage de 20 km, la plus longue de Goa. Si **Colva**, au nord, semble avoir définitivement pris un essor touristique, le village de **Benaulim**, au sud, reste relativement préservé.

Comme le nord de l'État, l'extrême sud tient lieu de refuge à ceux qui souhaitent échapper à la foule. Cette partie de Goa recèle les magnifiques plages de **Betul** et, au-delà du promontoire de Cabo de Rama, le site isolé de **Palolem**.

Le climat

Situé à quelque 1 200 km au sud du tropique du Cancer, Goa bénéficie d'un climat tropical ; un temps doux règne pendant la majeure partie de l'année, tandis que l'été se distingue par de fortes pluies de mousson. La meilleure période pour s'y rendre s'étend de mi-septembre à fin

GOA	J	F	M	A	M	J	J	A	S	O	N	D
Temp. moyennes (°C)	25	26	27	29	30	28	26	26	26	27	27	27
Heures de soleil/j.	10	12	12	10	10	1	1	4	5	6	10	10
Jours de pluie	1	0	1	8	9	30	30	30	20	10	5	5
Précipitations (mm)	2	0	4	17	18	500	890	340	277	122	20	30

Ci-dessus : cocoteraie à proximité de Chapora ; la noix de coco figure parmi les principales cultures de Goa.

février, lorsque les températures diurnes atteignent en moyenne 27 °C et que l'ensoleillement quotidien oscille entre sept et neuf heures.

À cette époque de l'année, l'**humidité** reste faible et les nuits sont plus fraîches. À partir du mois de mars, le mercure commence à s'élever pour, en avril et en mai, indiquer jusqu'à 35 °C.

En juin surviennent les premières pluies de **mousson**, accueillies avec soulagement par les habitants : après la chaleur et la sécheresse du début de l'été, précipitations et baisse des températures sont les bienvenues. Abreuvée, Goa resplendit : les rizières d'un vert lumineux remplacent la terre rouge et la végétation clairsemée des mois secs. Cependant, rares sont les visiteurs prêts à affronter la mousson pour jouir de la splendeur des paysages. C'est en juillet qu'il **pleut** le plus : il peut tomber jusqu'à 90 cm d'eau en un mois. Durant cette période, il devient difficile de voyager en Inde, et Goa n'y fait pas exception. Les moyens de transport – avion, train ou véhicules – sont souvent perturbés. D'autre part, les vents forts et une mer agitée n'invitent guère aux plaisirs de la plage. Les pluies commencent à diminuer en août, pour pratiquement cesser au début du mois de novembre.

Les autres destinations abordées dans ce guide connaissent un climat légèrement différent. Si **Bombay** subit également la mousson, il y fait en général plus chaud qu'à Goa : les températures maximales moyennes avoisinent les 30 °C en août. Dans les terres, le **Maharashtra**, plus sec, jouit d'un temps frais en altitude. Le littoral du **Kerala** est soumis aux mêmes conditions que Goa ; en revanche, le haut plateau intérieur du **Karnataka** est épargné par les pluies les plus fortes et les températures y sont moins élevées.

VÊTEMENTS CONSEILLÉS

L'atmosphère assez détendue de Goa ne doit pas faire oublier que l'on est en Inde : ici comme ailleurs, les tenues de plage sont à réserver au bord de mer. Les Indiens n'apprécient guère jupes et shorts trop courts. Cela est particulièrement vrai dans les lieux de culte. En dehors de la plage, choisissez des vêtements légers, en coton. Chemises à manches longues et pantalons s'imposent dans les zones infestées de moustiques.

La flore

Un peuplement vieux de trois mille ans, une agriculture intensive et une démographie galopante ont fait de Goa un territoire essentiellement façonné par l'homme, où la nature tient peu de place. Sur le littoral, les cultures occupent la majorité des terres : **cocotiers**, **anacardiers**, **manguiers**, **ananas** et **riz** poussent en abondance, au détriment de la flore sauvage. La majorité des **fleurs** exubérantes qui envahissent jardins et balcons sont

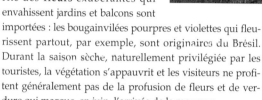

importées : les bougainvilées pourpres et violettes qui fleurissent partout, par exemple, sont originaires du Brésil. Durant la saison sèche, naturellement privilégiée par les touristes, la végétation s'appauvrit et les visiteurs ne profitent généralement pas de la profusion de fleurs et de verdure qui marque, en juin, l'arrivée de la mousson.

La faune

Loin d'être un paradis animalier, Goa n'en recèle pas moins une vie ornithologique particulièrement riche. Les jardins accueillent une multitude de **papillons** colorés, tandis que palmeraies et rizières gorgées d'eau attirent nombre d'**oiseaux**. Parmi les espèces propres à Goa, trop nombreuses pour en dresser une liste exhaustive, citons le **héron blanc** et l'**aigrette garde-bœuf** qui, entre autres oiseaux aquatiques, parcourent les champs inondés à la recherche de poissons ou de grenouilles. Les **martins-pêcheurs**, dont il existe au moins cinq espèces, se perchent souvent sur les fils téléphoniques dominant les rizières, tandis que **guêpiers**, **rolliers** et autres **pies-grièches** apprécient davantage les branches des ronciers. Il est également courant d'apercevoir des **mainates religieux**, volatiles aussi bruyants qu'insolents, dont les cris, caquètements et sifflements résonnent de toutes parts. Le long du littoral et au-dessus des dépôts d'ordures, tournoient **busards** et **vautours** en quête de nourriture.

En haut : *les rizières occupent une grande partie des terres.*
Ci-dessous : *après distillation et fermentation, les noix de cajou produisent le* feni, *un alcool très puissant.*

LES TEMPLES AUX SINGES

De nombreux temples, en particulier ceux dédiés à **Hanuman**, le dieu-singe, abritent des hordes de **macaques** effrontés. Ils ne présentent en général aucun danger, mais il leur arrive de convoiter un sac ou un appareil photo. Évitez de les nourrir, pour ne pas risquer d'être mordu.

LES VACHES SACRÉES

Dans tout le pays, des groupes de **bovins** à la robe claire déambulent dans les rues en toute quiétude, investissent les terres en friche ou flânent sur les plages.

La coutume hindoue veut que ces vaches et taureaux sacrés soient laissés en paix. Les mâles sont inoffensifs : ils n'ont pas développé l'instinct agressif de leurs cousins européens. En revanche, c'est dans la plus parfaite indifférence qu'ils entravent la circulation automobile…

Ci-dessus : *le loris, ressemblant au lemur, est très répandu en Inde du Sud.*
Ci-dessous : *les aigrettes gardes-bœufs, que l'on aperçoit souvent dans les champs ou près des rivières, figurent parmi les oiseaux les plus courants en Inde.*

À mesure que l'on progresse vers l'intérieur des terres et la chaîne montagneuse des Ghâts occidentaux, la nature reprend ses droits. À l'est et au sud de Goa, trois réserves ont pour mission de sauvegarder ce qui reste de forêt vierge et de faune. La **réserve naturelle de Bondla**, non loin de Ponda, est la plus accessible. Celle de **Bhagwan Mahavir**, peut-être la plus spectaculaire, s'étend à l'ombre des pentes escarpées et boisées des Ghâts. À la limite méridionale de l'État se trouve la **réserve de Cotigao** qui, jusqu'à récemment, était plus difficile à rejoindre. Outre une vie ornithologique particulièrement abondante, toutes trois offrent l'occasion d'observer de petits mammifères, et notamment des singes – **semnopithèques** et **macaques** –, des **gaurs** (bisons indiens) et des **antilopes** – **nilgaïs** (taureaux bleus), **sambars** et **chitals** (cerfs tachetés). Ces parcs abritent également quelques **éléphants**, des **léopards** et même des **tigres**, que seuls les plus chanceux pourront apercevoir… de loin.

HISTOIRE EN BREF

Rebaptisé à plusieurs reprises, Goa vécut une histoire tourmentée, dont les origines remontent à un passé lointain. Bien avant l'arrivée des Portugais, princes hindous et musulmans se disputèrent le contrôle de ses précieux ports naturels. Colonisé au XVᵉ siècle par le Portugal, le territoire resta sous sa coupe jusqu'en 1961, alors que le reste du sous-continent obéissait au radjah britannique.

Aux premiers habitants de Goa, les **Dravidiens**, se mêlèrent les arrivants du Nord, originaires de la **vallée de l'Indus**, puis les conquérants **aryens** apparus en Inde aux environs de 1500 av. J.-C. À partir du IIIᵉ siècle av. J.-C., la région, alors intégrée au **Konkan**, tomba sous le joug de plusieurs bâtisseurs d'empire en puissance. Au XIIᵉ siècle, elle devint une entité à part entière, dirigée par la dynastie **hindoue des Kadamba**. Sa capitale, **Govalpuri**, se dressait sur les rives de la Zuari, à l'emplacement actuel des ruines d'Old Goa. Il reste peu de traces des négociants arabes qui, attirés par sa situation maritime, s'établirent sur ses côtes : les vagues successives d'envahisseurs se sont chargées de détruire palais et temples.

Ci-dessus : *les vaches sacrées semblent apprécier les plages goanaises autant que les touristes.*

UN PEUPLE DE NÉGOCIANTS

Connue des Grecs de l'Antiquité sous le nom de **Nelkinda**, la région figurait sur les cartes et rapports, dits « des terres lointaines », dressés par Ptolémée II dès le IIIᵉ siècle av. J.-C. Baptisée **Sindabur** par les Arabes et les Perses, la province accueillit des générations de négociants en provenance du Golfe bien avant l'arrivée des Portugais.

TAMDI SURLA

Parmi les temples goanais de la dynastie des **Kadamba**, Tamdi Surla est le seul à avoir survécu. Contrairement à ceux des environs de Ponda, il n'a subi ni transformations, ni rénovations. La remarquable qualité de ses bas-reliefs représentant Brahma, Vishnu, Shiva et Parvati témoigne de la splendeur à jamais disparue de **Govalpuri**, la cité royale. Celle-ci se dressait à proximité du site actuel d'Old Goa. Sa disposition et sa *shikara* (flèche) rappellent, entre autres détails, les temples chalukyan du Maharashtra, ce qui laisse supposer que l'édifice date du XIIᵉ ou du XIIIᵉ siècle.

Ci-dessous : *bateaux de pêche amarrés sur la Mandovi, où débarquèrent les premiers navigateurs portugais.*

Les musulmans

Vers la fin du XIIᵉ siècle, les **Turcs musulmans**, ayant soumis presque tous les États hindous du nord de l'Inde, sacrèrent Delhi capitale de leur empire. Peu à peu, des luttes intestines semèrent la discorde parmi les conquérants. À la fin du XIVᵉ siècle, un nouvel assaut **turc**, mené par **Tamerlan**, détruisit le **sultanat de Delhi**, favorisant l'émergence d'une multitude de petits royaumes indépendants hindous et musulmans.

Parmi ceux qui s'imposèrent dans le sud du pays figuraient celui des Bahmani musulmans, qui dominaient l'actuel Karnataka, et celui des **Vijayanagar** hindous. Au cours du siècle qui suivit, ils luttèrent âprement pour le contrôle du sud-ouest de l'Inde.

Dans la première moitié du XVᵉ siècle, les Bahmani parvinrent à évincer le dernier des Kadamba pour, vingt-cinq ans plus tard, céder leur fief aux Vijayanagar. Ceux-ci furent définitivement chassés en 1470 par le général musulman **Mahmud Gawan**, après plus d'un siècle de guerres. Quant à l'empire **Bahmani**, il se disloqua à la fin du XVᵉ siècle. Ainsi, lorsque les premières caravelles portugaises abordèrent l'embouchure de la Mandovi, c'est dans le port florissant d'un État musulman appelé **Bijapur**, dirigé par **Yusuf Adil Shah**, qu'elles jetèrent l'ancre.

Les Portugais

À la fin du XVe et au début du XVIe siècle, la minuscule nation portugaise lança un nombre impressionnant de missions d'exploration vers l'Orient. Les musulmans ayant achevé de conquérir la Palestine et Byzance, l'Europe se trouvait privée des richesses de l'Asie. Les capitaines portugais tentèrent alors d'ouvrir une nouvelle route en contournant l'Afrique.

En 1488, le navigateur **Bartolomeu Dias** doubla le cap de Bonne-Espérance et aborda l'océan Indien. Dix ans plus tard, **Vasco de Gama** mena sa flotte jusqu'à Calicut (l'actuel Kozhikode), au Kerala. Les expéditions suivantes, en 1500 et 1502, renforcèrent la mainmise du Portugal sur le littoral indien ; Vasco de Gama ayant aidé le radjah de Cochin à renverser son rival, le radjah de Calicut, il fut autorisé à bâtir une forteresse.

Ci-dessus : *le capitaine général portugais Alfonso de Albuquerque.*

Confrontés à des luttes incessantes contre leurs voisins musulmans ou hindous, les souverains de Goa considérèrent l'arrivée de cet allié potentiel – et de son arsenal – d'un fort bon œil. Quant aux Portugais, ils voyaient la situation dépasser toutes leurs espérances : les ports de l'Inde occidentale leur donnaient accès au commerce hautement lucratif des épices avec le reste du pays, Ceylan (Sri Lanka) et les Indes orientales (Indonésie).

En 1510, le plus grand meneur d'hommes portugais, **Alfonso de Albuquerque**, débarqua à la tête d'une nouvelle flotte. Avec la complicité du radjah de Vijayanagar et des hindous locaux, hostiles à la domination musulmane, Albuquerque et ses hommes fondirent sur Goa. À l'issue de dix mois de combats acharnés sur terre comme sur mer, Adil Shah capitula et le drapeau portugais fut hissé sur la province.

Fort de cette victoire, Albuquerque poussa plus à l'est et s'empara de Malacca, sur la péninsule malaise. À ces

UN BÂTISSEUR D'EMPIRE

Alfonso de Albuquerque fut le fondateur de l'empire portugais d'outre-mer. Dix ans après que Dias eut contourné l'Afrique, Alfonso posait les jalons de la colonisation sur le littoral de l'Afrique orientale. En 1510, Goa était sienne. Un an plus tard, il soumettait Malacca, sur la côte ouest de la Malaisie, avant de faire route vers l'Orient pour s'emparer de Macao, en Chine méridionale. En quinze ans, les navires portugais avaient vidé l'océan Indien de ses occupants arabes et le roi du Portugal se proclamait « seigneur de la conquête, de la navigation et du commerce d'Éthiopie, d'Arabie, de Perse et d'Inde ».

Ci-dessus : *la statue de*
Vasco de Gama domine les
cathédrales d'Old Goa.

premières possessions s'ajoutèrent bientôt les Indes orientales, Ceylan et Macao, ainsi qu'un chapelet de territoires disséminés le long des côtes africaines. Sous le nom de « Goa Doirada » (« **Goa doré** »), Goa devint le maillon essentiel de cette chaîne. Décidé à fonder une nation nouvelle entièrement dévouée à son pays, Albuquerque fit venir des prêtres pour évangéliser le territoire et encouragea ses hommes à se marier avec des autochtones. Cette politique de mixité, maintenue pendant toute la durée de la colonisation portugaise, explique sans doute en partie l'atmosphère détendue qui règne aujourd'hui dans l'État.

Les premiers territoires portugais – les provinces centrales d'Ilhas, de Bardez et de Salcete – se désignent aujourd'hui encore sous le nom d'**Anciennes Conquêtes**. Bien plus tard, au XVIIIe siècle, celles de Bicholim, Sanguem, Ponda, Quepem et Canacona, ou **Nouvelles Conquêtes**, s'ajoutèrent à la liste. Au milieu du XVIIe siècle, la capitale portugaise, l'actuelle Old Goa, comptait parmi les merveilles de l'Orient, rivalisant aussi bien avec Lisbonne qu'avec Paris ou Londres.

Rivalités européennes

D'autres puissances européennes envoyèrent bientôt leurs bâtiments vers les côtes indiennes : les **Pays-Bas**, la **France** et l'**Angleterre**. Tout au long du XVIIIe siècle, ces deux dernières nations et leurs alliés indiens se disputèrent le contrôle du sous-continent. La victoire revint aux Anglais : après l'échec de la célèbre mutinerie indienne de 1857-1858, le radjah britannique s'imposa de l'Himalaya au cap Comorin, et ce jusqu'en 1947, date de la partition entre l'Inde et le Pakistan.

Ces événements historiques ne touchèrent guère Goa, pourtant occupé par les Britanniques de 1799 à 1813. L'empire portugais déclina faute de pouvoir contrôler des territoires trop éparpillés. Bien plus que les guerres, c'est la succession d'épidémies qui dévasta la population goanaise. À la fin du XIXe siècle, la capi-

QUELQUES DATES

973 av. J.-C. Première mention de Goa dans les archives historiques, sous le nom de Gove ou Gopakkapattana, capitale du roi kadamba Shastadeva Ier.
XIVe s. Progression de l'islam en Inde du Sud.
1325 Muhammad bin Tughluq devient sultan de Delhi. Pillage de Goa, rebaptisé Gopakkapattana, par les conquérants musulmans.
1345-1470 Les royaumes kadamba, bahmani et vijayanagar se disputent Goa.
1490 L'empire bahmani se disloque. Goa passe aux mains de Yusuf Adil Shah
1498 La flotte de Vasco de Gama atteint Calicut.
1500-1502 Les expéditions

portugaises se succèdent à Goa.
1510 Alfonso de Albuquerque chasse Adil Shah.
Fin du XVIe s. Les Portugais renforcent leur présence à Goa et étendent leur influence vers l'est. « Goa Doirada » devient la capitale de leur empire colonial.
1759 Le vice-roi portugais déplace sa résidence de Velha (Old) Goa à Panaji.
1763 Par traité, le roi de Sunda cède Ponda, Sanguem, Quepem et Canacona aux Portugais.
1764 Conquête de la province goanaise de Bicholim.
1765 Conquête de la province goanaise de Satari.
1799-1813 Les Britanniques occupent Goa afin d'en chasser les Français.

1818-1858 Le radjah britannique étend son contrôle.
1947 Partition entre l'Inde et le Pakistan. Goa reste sous domination portugaise.
1948 Nehru exige une première fois la restitution de Goa.
1961 Goa est incorporé à l'Union indienne
1987 Goa devient un État à part entière de la république de l'Inde.
1998 Achèvement de la ligne ferroviaire du Konkan.
En novembre : Luizinho Faleiro (parti du Congrès) est élu Premier ministre de l'Assemblée législative de Goa après quatre changements de gouvernement en deux ans.

tale fut déplacée à Panjim (l'actuelle Panaji). Si la neutralité du Portugal permit à la colonie d'échapper aux deux conflits mondiaux, elle ne l'empêcha pas de devenir une plaque tournante de l'espionnage lors de la Seconde Guerre mondiale.

L'union avec l'Inde

En 1947, l'Inde accéda à l'indépendance. Le nouveau gouvernement exigea que Goa soit rendu à l'Union. Devant le refus portugais, les relations entre les deux pays ne cessèrent de se dégrader. Finalement, le 17 décembre 1961, le Premier ministre **Jawaharlal Nehru** ordonna l'invasion de l'enclave portugaise par les troupes indiennes. Deux jours plus tard, les Portugais se retirèrent. Après plus de quatre siècles de domination européenne, Goa faisait son entrée dans la nouvelle démocratie.

Ci-dessous :
ces magnifiques villas anciennes figurent parmi l'héritage colonial laissé par les Portugais.

Les plus chauds partisans de l'union avec l'Inde étaient les **nationalistes indiens** vivant en dehors de la province. Au sein de celle-ci, la minorité chrétienne lusophone se montrait moins enthousiaste, notamment en raison du contrôle qu'elle exerçait sur une partie de l'économie et de l'administration de la province. La crainte de voir Goa se faire annexer par l'un des grands États voisins et de perdre ses privilèges au profit d'une nouvelle classe politique ajoutait à sa réticence.

Quoi qu'il en soit, l'**indépendance** s'avoua bénéfique. Peu convaincus par l'utilité d'investir outre-mer, les Portugais s'étaient montrés fermement opposés à toute modernisation. À la fin de l'époque coloniale, le territoire était en retard sur son siècle : il ne possédait ni routes goudronnées, ni aéroport ; ses équipements portuaires étaient vétustes ; seule la capitale était équipée d'un réseau électrique et il n'existait ni téléphone, ni télégraphe. Rien n'avait été mis en place dans les domaines de la santé et de l'éducation, tandis qu'en matière d'industrie et d'agriculture tout restait à faire.

Isolé du reste du pays mais aussi du monde extérieur, Goa bénéficia, en s'unissant à l'Inde, d'un important plan de développement et de modernisation. Il fut doté d'une route et d'un réseau de télécommunications – qui, aujourd'hui, dessert les principaux villes et villages ; d'un système de santé publique, d'enseignement et de protection sociale ; de nouvelles techniques agricoles ; de meilleurs équipements portuaires et d'un embryon d'infrastructure industrielle.

LE MAHATMA MOHANDAS GANDHI

Gandhi, fils du Premier ministre du petit État de **Purbandar**, naquit en 1869. Après des études de droit à Londres, il exerça, jusqu'à 46 ans, l'activité d'avocat en Afrique du Sud. De retour en Inde, il prit la tête du mouvement indépendantiste en prêchant la non-violence. Délaissant le costume occidental au profit du *dhoti* de coton, il fut proclamé « Mahatma » (« Grande Âme ») par ses partisans. L'un des principaux artisans de l'indépendance, Gandhi vit son souhait se réaliser en 1947. Il mourut l'année suivante, assassiné par un hindou fanatique n'acceptant pas son opposition au système des castes.

La dernière invasion

Ce qui plongea véritablement Goa dans le monde moderne fut sans nul doute l'ouverture de l'**aéroport de Dabolim**. Aux liaisons intérieures avec Bombay et Delhi succédèrent des vols internationaux réguliers. Jusque dans les années 1980, époque des vols directs à partir de l'Europe, la fréquentation touristique se limitait à de jeunes voyageurs indépendants en quête de paradis terrestre ou à des visiteurs plus aisés s'éclipsant d'un circuit pour goûter aux plaisirs de la plage. L'internationalisation de Dabolim apporta une nouvelle vague de vacanciers, principalement issus des classes moyennes. Goa devint une destination à part entière, dissociée des parcours traditionnels du nord de l'Inde. Entre 1973 et 1998, le nombre de touristes étrangers est passé de 8 371 à 280 000 environ ; parmi ces derniers, 90 000 ont choisi une formule de vacances tout compris en empruntant des vols charters pour la saison d'hiver 1998-1999 ; la moitié d'entre eux sont originaires du Royaume-Uni et environ 25 000 d'Allemagne. Goa attire aussi plus de 90 000 visiteurs venus des autres régions de l'Inde.

JAWAHARLAL MOTILAL NEHRU

S'il succéda à Gandhi, Nehru possédait une personnalité toute différente. De souche aristocratique, tourné vers l'Occident mais se voulant proche du peuple, il s'attacha à transformer l'Inde en une société industrialisée et à en relever le niveau de vie. Véritable fondateur de l'Inde moderne, il domina la scène politique jusqu'à sa mort, en 1964. La dynastie politique qu'il fonda garda le pouvoir jusqu'en 1990, date de l'assassinat de son petit-fils Rajiv Gandhi, par des extrémistes tamouls.

Page ci-contre : *le Mahatma (« Grande Âme ») Mohandas Gandhi.*

Ci-dessous : *non loin de Panaji, l'hôtel Cidade de Goa possède une plage privée.*

GOUVERNEMENT ET ÉCONOMIE

Goa, État de la république de l'Inde depuis 1987, possède sa propre assemblée. Celle-ci contrôle la police, le système éducatif et les secteurs agricole et industriel. Deux de ses membres sont élus aux chambres du Parlement national à New Delhi.

L'Inde est un régime parlementaire, doté d'une chambre basse, ou **Lok Sabha** (Maison du peuple), qui regroupe 545 membres, et d'une chambre haute, ou **Rajya Sabha** (Conseil des États), rassemblant 245 représentants. Les deux chambres élisent, avec les assemblées d'État, un président officiel. C'est cependant au Premier ministre que revient le véritable pouvoir décisionnaire.

Développement économique

En dépit des apparences et de l'évidente pauvreté qui y règne, l'Inde constitue la dixième puissance industrielle du monde. Jusqu'à récemment, ses dirigeants ont mené une politique économique protectionniste et centralisée, dont les plans quinquennaux visaient à moderniser différents secteurs. Aujourd'hui encore, le gouvernement – et une bureaucratie pour le moins pesante – régit tous les aspects de l'économie, tant au niveau national qu'étatique. Ces dernières années, une certaine libéralisation s'est traduite par l'augmentation des importations et une concurrence accrue entre les sociétés d'État. Le développement des secteurs de pointe au détriment des industries traditionnelles figure également parmi les objectifs.

Ci-contre : *la grande majorité de la population indienne reste rurale – comme ces femmes travaillant dans les champs à Cortalim.*
Ci-dessous : *les chalutiers se pressent dans le port de Panaji. La majeure partie de leurs prises est destinée à l'exportation.*

Industrie et agriculture

Malgré cette évolution, la majorité des Indiens vivent encore de la terre. Mis à part l'exploitation des **mines** à ciel ouvert situées autour de Bicholim, dans le centre de Goa, l'État ne possède que très peu d'industries. Le **minerai de fer**, dont la plus grande partie est exportée à partir du port de Marmagao, à l'embouchure de la Zuari, représente environ 30 % de la production nationale. Le **tourisme** est en passe de devenir un générateur de devises plus important encore. La **pêche**, qui s'industrialise rapidement, est également axée sur l'exporta-tion. Cette modernisation menace les petits pêcheurs indépendants : le temps des crevettes et des homards bon marché sera sans doute bien-tôt révolu...

La noix de coco, la noix de cajou et le riz figurent parmi les **cultures** de base. Les prin-cipales rizières occupent les plaines fertiles des Anciennes Conquêtes. Les plantations ont lieu à la fois pendant la mousson et la saison sèche. Quant aux noix de coco et de cajou, elles sont cultivées sur plus de la moitié des terres.

LA POPULATION

Avec environ 1,3 million d'habitants, Goa fait pâle figure auprès d'une population nationale constamment en croissance, qui totalise aujourd'hui quelque 970 millions d'individus. Ce déséquilibre inquiète fortement les intellectuels goanais, qui doutent que leurs représentants soient entendus à New Delhi – point de vue souvent mis en exergue par la presse locale.

Bien que la langue **portugaise** n'ait pratiquement plus cours, les quatre siècles de domination coloniale ont laissé des traces : Mascarenha ou D'Souza sont des noms courants parmi les anciennes familles chrétiennes et l'élite politique ou intellectuelle du territoire.

Un peu plus de 30 % des habitants sont chrétiens, et plus particulièrement **catholiques**. Ils se concentrent surtout à Panaji et sur le littoral, berceaux de l'influence portugaise, où les églises sont nombreuses. La plupart d'entre elles s'élèvent sur les sites de temples et mosquées détruits par les colons. Malgré le poids de cette communauté – proportionnellement la plus importante en Inde –, la grande majorité des Goanais se réclament

Page ci-contre : *chargées de bijoux, de sacs et de tissus colorés, des femmes arpentent les plages pour proposer leurs marchandises aux vacanciers.* **Ci-dessous :** *les marchands de glaces véhiculent leur chargement dans les rues et à proximité des plages.*

de l'**hindouisme**, en particulier dans les sociétés rurales de l'intérieur des terres. Plus on s'éloigne de la côte, plus le paysage se pare des formes et couleurs caractéristiques des temples hindous. Peu de conflits ethniques ou religieux opposent ces deux communautés – peut-être en raison de leur éloignement géographique.

Les voyageurs qui arrivent à Goa après avoir parcouru d'autres régions de l'Inde sont agréablement surpris par la gentillesse teintée de réserve de la plupart des habitants. Rares sont ceux qui ont à se plaindre du harcèlement commercial qui ternit les circuits touristiques du Nord. Les Goanais restent néanmoins partagés sur le succès touristique de leur région, jadis si isolée. Premiers visiteurs à arriver en nombre, les hippies des années 1960 trouvaient en Goa un havre de paix où se reposer de leur voyage. Aujourd'hui, nombre des plages les moins accessibles accueillent encore une jeunesse bigarrée, dont le mode de vie agité déplaît aux plus conservateurs – ainsi qu'aux organisateurs de voyages, qui craignent de voir fuir leur clientèle.

Parallèlement, des groupes de pression locaux et internationaux accusent le développement incontrôlé du **tourisme** de chasser les villageois de leurs terres, de détruire les moyens d'existence des pêcheurs et de polluer les plages et la mer. Loin d'être clos, ce débat n'empêche pas l'essor touristique de se poursuivre.

LE SYSTÈME DES CASTES

Quatre castes dominantes régissent l'hindouisme : les **brahmanes** (prêtres) ; les **kshatriya**, (guerriers et administrateurs) ; les **vaishya**, (commerçants et artisans) ; les **shudra**, (paysans). Le système est strictement hiérarchisé et il est impossible de changer de caste.

En marge de ces catégories vivent les intouchables, envers lesquels la discrimination est de règle. Il est en effet impur pour une personne de caste supérieure de toucher ne serait-ce que l'ombre de l'un de ses membres. Gandhi, qui tentait d'améliorer leur condition, imposa l'utilisation du terme « **harijan** », « enfants de Dieu », pour les désigner.

Ci-dessus : *des studios de Bombay, la capitale du cinéma indien, sortent chaque année des milliers de succès commerciaux.*

LES LANGUES

À Goa, les conquérants portugais tentèrent d'éradiquer le **konkani**, langue la plus couramment parlée, pour instituer un État lusophone. En vain. Aujourd'hui, très peu de Goanais comprennent la langue de leurs anciens colons. L'anglais, que les enfants apprennent à l'école, reste un mode de communication essentiel en Inde. Plusieurs dialectes sont utilisés à Goa : le hindi se parle dans le Nord, tandis que le tamil, le kannada, le telugu et le malayalam sont pratiqués dans le Sud.

Langues

La langue officielle de l'Inde est le **hindi**, que parle près de la moitié de la population nationale. Il n'en reste pas moins que la pluralité des races et des groupes ethniques crée une grande diversité de langues et de dialectes.

C'est dans le Nord du pays que domine le hindi. Le gouvernement central ne ménage pas ses efforts pour en faire la seule langue pratiquée par les institutions, ce qui suscite d'âpres controverses dans le Sud, notamment en matière d'enseignement.

Les États méridionaux résistent en effet farouchement à la suppression de leurs langues, bien plus couramment utilisées. Celles-ci dérivent du **dravidien** originel. La plus répandue en est le **tamil**, surtout dans le Sud-Est. Au sud et à l'est de Goa, les langues principales sont le **kannada**, le **telugu** et le **malayalam**.

Dans toute l'Inde, mais plus particulièrement dans le Sud, l'**anglais** constitue la deuxième langue et le principal mode d'expression du gouvernement, des cercles d'affaires et des activités liées au tourisme.

La presse nationale laisse une large place aux titres anglophones, notamment *The Times of India*, le quotidien le plus influent du pays. Dans une même conversation, les Indiens passent sans difficulté de l'anglais au hindi ou à l'une des langues régionales. Les articles de journaux et les échanges quotidiens en anglais sont ponctués d'expressions hindi, ce qui rend leur compréhension difficile.

À Goa, l'anglais est d'autant plus populaire que la moitié des visiteurs étrangers sont britanniques. Dans les magasins, les hôtels et les restaurants, il se trouvera toujours quelqu'un le parlant suffisamment bien pour vous renseigner. Les chauffeurs de taxi le pratiquent aussi, tout comme le personnel des chemins de fer. Cela est également vrai dans les zones touristiques du Kerala et du Karnataka.

Hors des sentiers battus, néanmoins, c'est une autre affaire. Dans le Nord de l'État, on parle le **marathi**, originaire du Maharashtra voisin. Le **konkani**, spécifique à Goa, jouit du statut de langue indépendante depuis 1976 et reste très largement utilisé.

Le **portugais**, en revanche, déclina rapidement dès 1961, pour ne plus subsister que sur les menus des restaurants et dans la tradition culinaire : d'étonnants plats goano-portugais ont en effet survécu à la chute de l'empire colonial.

Dans l'État voisin du Karnataka, moins fréquenté par les touristes, l'usage de l'anglais se limite aux grandes villes comme Mysore et Bangalore pour, le plus souvent, céder la place au **kannada**.

Au Sud, à Kerala, l'anglais est beaucoup plus employé. Plusieurs gouvernements d'États marxistes qui soutiennent l'éducation ont permis d'augmenter le taux d'alphabétisation, lequel représente 60 %, soit le double de la moyenne nationale

Le **malayalam**, langue la plus courante au Kerala, est étroitement apparenté au tamil, la plus importante famille linguistique de l'Inde du Sud et principal mode d'expression au Tamil Nadu, qui occupe la pointe méridionale du sous-continent.

Ci-dessous : *étal bien fourni de l'un des marchés animés de Goa.*

Le **Ramayana** et le **Mahabharata** restent les deux plus importants récits épiques de la littérature indienne.
Le premier relate l'interminable guerre qui opposa Rama et ses alliés à Ravana, le roi-démon de Lanka. Dans le second, cinq bons frères combattent, avec le concours de Krishna, leurs cent cousins malveillants aidés par les démons. Avec le Bhagavad-gita (le plus sacré des textes hindous) d'une part, et les Veda, les Upanishad et les Purana d'autre part, ces récits constituent les fondements de la foi et de la poésie hindoues.

Religions

Toutes les vagues d'immigration, qui se sont succédées en Inde au cours des quatre mille ans d'histoire, ont apporté une foi nouvelle ou enrichi un culte déjà existant. Si le pays compte une majorité d'**hindous**, il comprend également d'importantes minorités religieuses, parmi lesquelles les **musulmans** (80 millions environ), les **sikhs** (près de 15 millions) et, en proportion moindre, les **bouddhistes** (5 millions environ) et les **jaïns** (3 millions environ).

Goa n'est pas représentatif de cette répartition. Le premier groupe religieux reste certes celui des hindous, suivi de près par celui des chrétiens (près de 30 % de la population), largement minoritaires dans la plupart des autres États. Seuls 3 % des habitants sont musulmans. Cette situation a épargné à Goa les conflits récurrents opposant les différentes communautés, véritable poison de la vie politique indienne.

L'hindouisme

L'une des religions les plus anciennes et les plus complexes du monde était pratiquée sous sa forme primitive par la civilisation de la vallée de l'Indus. Les envahisseurs aryens, apparus aux environs de 1500 av. J.-C., ajoutèrent leurs propres dieux à ce panthéon déjà important et créèrent le système des castes encore en usage aujourd'hui.

Riche de douzaines de divinités possédant chacune leur propre personnalité, l'hindouisme suscite une certaine confusion chez les Occidentaux. En un sens, cependant, chaque dieu hindou peut être considéré comme un seul être suprême.

Brahma, le créateur, Vishnu, le conservateur, et Shiva, le destructeur et créateur, dominent le panthéon. **Brahma**, qui voit tout, est doté de quatre visages. À ses côtés figure souvent son épouse **Sarasvati**, la déesse de la Sagesse, montée sur un cygne blanc. **Shiva**, fréquem-

ment symbolisé par un lingam de pierre, apparaît che-
vauchant un taureau, un
trident à la main. Mais il
peut également prendre
l'apparence de **Nataraj**, le
danseur qui créa le monde.
L'épouse de Shiva est la
belle **Parvati**. Elle se
confond toutefois avec deux
personnalités moins ave-
nantes : **Kali**, la déesse de la

Mort, entourée de sa cohorte de squelettes, et **Durga**, la des-
tructrice montée sur un tigre, symbolisée par une multitude
de bras armés.

Vishnu, peut-être le plus humain de tous, est apparu sur
terre sous une série d'incarnations symbolisant les neuf âges
du monde. Il se déplace sur Garuda, une créature ailée, et
son épouse est **Lakshmi**, la déesse de la Richesse et de la
Prospérité. C'est notamment sous la forme d'un sanglier
sauvage et d'un homme-lion qu'il effectua ses six premières
visites chez les mortels. La septième fois, il incarna le **roi
Rama**. Dans l'épopée hindoue la plus accessible, le
Ramayana, ce dernier mène hommes et dieux dans leur
lutte contre les démons. La huitième incarnation de Vishnu
fut **Krishna**, élevé par des paysans et célèbre pour ses ébats
avec de ravissantes bergères. Dans ses représentations, il se
distingue par sa couleur bleue et joue de la flûte. C'est sous
l'aspect d'un cheval (Kalki) que le dieu devrait se manifester
ici-bas pour la neuvième fois.

Une foule de divinités mineures escortent ces trois figures
dominantes. Parmi elles, citons le dieu-singe **Hanuman**,
fidèle allié de Krishna, et **Ganesha**, le fils à tête d'éléphant de
Shiva et de Parvati incarnant la Sagesse et la Santé. L'un des
attraits séculaires de l'hindouisme est qu'à chaque aspect de
la vie quotidienne correspond un dieu secourable, que ce soit
pour l'éducation des enfants, la pêche, les plantations ou les
questions d'argent. La réincarnation constitue une autre de
ses particularités : elle offre au défavorisé l'espoir et la pers-
pective de changer de condition lors d'une vie prochaine.

Ci-dessus : *les temples
hindous arborent
souvent des couleurs vives
et exhalent des senteurs
d'encens. Celui-ci est situé
à Margao.*

Page ci-contre : *lors de
fêtes traditionnelles, les
sadhus, ou saints hommes,
témoignent de leur foi
de manière spectaculaire.*

LES TEMPLES HINDOUS

Véritable festival de couleurs, un
temple hindou typique se reconnaît notamment à sa tour crou-
lant sous les représentations
chatoyantes de dieux, démons et
autres créatures mythiques. À
l'intérieur, des bâtons d'encens
déroulent leurs volutes devant
des images parées de guirlandes
ou des lingams phalliques de
Shiva. Des offrandes de riz
encombrent souvent les autels.
Une modeste participation vous
sera certainement demandée
pour l'entretien du lieu. Envers
les mendiants, l'aumône est
généralement de rigueur.

Le christianisme

Aux Indiens de la côte de Malabar (l'actuel Kerala), Vasco de Gama annonça qu'il était venu chercher des chrétiens et des épices. Il trouva les deux : l'Inde du Sud abrite en effet le site de la plus ancienne communauté chrétienne du monde, fondée par **saint Thomas l'Apôtre** en l'an 52, et dont l'essor incombe aux négociants chrétiens du Levant arrivés vers la fin du IIe siècle.

À Goa, les **Portugais** imposèrent la foi chrétienne tant par l'épée que par le prosélytisme. S'ils combattirent l'islam avec une rare violence – massacre ou exil des musulmans, destruction des mosquées –, ils se montrèrent moins expéditifs avec les hindous. Les convertis étaient souvent issus de castes inférieures ou de la communauté dalit : le catholicisme leur offrait, à tort ou à raison, l'occasion d'échapper aux rigueurs de leur condition ; habilement présentées, la sainte Trinité et la Vierge Marie, assorties d'une pléiade de saints et d'apôtres de couleurs vives, n'étaient pas sans leur rappeler leur culte originel. Cela n'empêcha pas les Portugais de raser des temples hindous dans les Anciennes Conquêtes. Mais cette propension diminua et disparut presque complètement au XVIIIe siècle. C'est dans les Nouvelles Conquêtes, où la colonisation fut

Ci-dessous : *statue de Jésus devant la cathédrale de Sé, à Old Goa.*

plus brève, que subsistent les plus anciens temples de Goa.

Les arts

Dans l'Inde d'aujourd'hui, les différentes formes d'art s'inscrivent dans la continuité de traditions remontant à l'Antiquité. Depuis les origines, les artistes indiens s'impo-

Ci-dessus : les pots en terre cuite sont d'un usage quotidien dans les cuisines indiennes.
Ci-dessous : *les tissus richement brodés parent de nombreux intérieurs indiens et fournissent aux touristes un merveilleux souvenir de leur visite à Goa.*

sent en maîtres des arts plastiques, comme en témoignent les représentations de divinités, rois et autres danseurs sculptés dans la pierre, d'une finesse et d'une beauté remarquables. Les temples anciens et les grottes sacrées s'ornent de fresques harmonieuses, dont les scènes s'inspirent souvent des grands récits épiques que sont le **Ramayana** et le **Mahabharata**. De nos jours, les artistes restent sensibles aux couleurs vives, aux lignes franches et, surtout, à la tradition narrative de l'art hindou : chaque œuvre raconte une histoire qu'influencent trois mille ans de légendes et de mythes complexes.

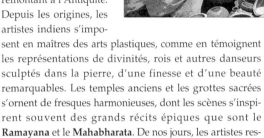

La **musique** et la **danse** sont étroitement liées aux croyances. À chaque région et à chaque occasion correspondent des danses. Hommes et femmes se produisent rarement ensemble et, souvent, les rôles féminins sont tenus par des hommes. La vie des dieux et leurs confrontations avec démons et mortels figurent parmi les thèmes chorégraphiques les plus courants. Nombre de danses traditionnelles illustrent ainsi les prouesses de Rama ou les conquêtes amoureuses de Krishna.

L'héritage culturel de Goa allie quatre siècles d'influence portugaise et une tradition musicale et dramatique indienne plus ancienne. L'un des résultats en est le **felo**, spectacle villageois mêlant chant, musique et danse. Propre à Goa, il s'inspire de la vie locale et tend volontiers vers la satire. Des ins-

Ci-dessus : à Kochi, des danseurs kathakali mettent une dernière touche à leur maquillage avant d'entrer en scène.

---

truments portugais comme le violon et la guitare se sont également intégrés au répertoire classique : les Goanais entonnent encore parfois les mélodies aux accents mélancoliques des **fados** de Lisbonne ou Porto. Dans les Anciennes Conquêtes, les rythmes rappellent ainsi davantage la péninsule Ibérique que le sous-continent indien.

L'industrie du **cinéma** indien est l'une des plus importantes au monde. Un public aussi vaste que conquis guette la sortie de chaque nouvelle épopée du septième art. Certaines vedettes font l'objet d'un véritable culte et plusieurs – féminines comme masculines – mènent une florissante carrière politique, après avoir été portées au pouvoir par le vote de millions d'admirateurs.

La grande majorité des productions sortent des immenses studios de Bombay, ce qui a valu à la ville le surnom de « Bollywood ». Acteurs et réalisateurs, souvent à l'œuvre sur plusieurs tournages à la fois, produisent une quantité phénoménale de films.

Autour d'une intrigue simple et mélodramatique gravitent un couple de héros romantiques, un « méchant » et une foule de seconds rôles. La règle veut que l'histoire se termine bien, mais il n'est pas rare que l'héroïne connaisse une fin tragique lors de la dernière scène. On saisit la moindre occasion pour insérer chansons et danses, même dans le plus pur film d'action. Assister à l'une de ces superproductions, qui peuvent durer jusqu'à trois heures, reste une expérience unique mais épuisante…

Gastronomie

Non seulement la gastronomie goanaise figure parmi les meilleures de l'Inde, mais elle ménage le palais des Occidentaux encore peu familiarisés avec la cuisine locale.

Parmi les spécialités figurent **poissons** et **fruits de mer**. Si crevettes géantes et langoustes se dégustaient pour trois fois rien, elles disparaissent aujourd'hui des étals pour être expédiées dans les restaurants chic à l'étranger. Le poisson le plus courant est le *bangra*, sorte de sardine qui se consomme grillée ou marinée dans une sauce tomate épicée, ou autre. En en-cas, ne manquez pas d'essayer la friture de pomfret, petit poisson plat proche du carrelet.

Banni des assiettes du reste de l'Inde, le **porc** est souvent au menu des tables chrétiennes. La version locale du vindaloo, le *vindalhao*, se compose de viande de porc marinée à l'ail, au vinaigre et au piment. Nombre de plats sont servis *reichado*, c'est-à-dire farcis de piments et autres épices. Le *cabidel* est un ragoût de porc épicé, tandis que le *xacati*, autre plat relevé, désigne du poulet agrémenté de riz à la noix de coco.

Le riz accompagne toutes les préparations – bien qu'aujourd'hui, des frites soient également proposées dans les restaurants les plus touristiques. On vous servira aussi des *chapatis* ou du nan non levé, galettes de blé originaires du Nord de l'Inde désormais disponibles partout.

Hors des sentiers battus, le plus judicieux s'avère de commander un *thali*, plat végétarien associant *dal* (ragoût de lentilles) avec différents condiments et yaourt.

ALCOOLS ET BIÈRES

La spécialité de Goa dans ce domaine est le **feni**, issu de la fermentation de la sève de cocotier ou du jus de noix de cajou. Le goût particulier de cet alcool clair et fort plaît rarement aux Occidentaux. Ceux-ci préfèrent les différents rhums (ambrés ou foncés) et whiskies indiens. Parmi ces derniers, les meilleurs résultent d'un mélange de malt écossais et d'alcool local. En matière de bières, outre l'excellente **Kingfisher** proposée en bouteilles de 750 ml, on trouve différentes marques d'importation, plutôt onéreuses.

Ci-dessous : *chaque plat indien est assaisonné d'un mélange d'épices colorées, disponibles en vrac sur le plus modeste des marchés.*

2
Bombay :
la porte de Goa

Immense métropole de plus de 13 millions d'habitants,
Bombay concentre tout ce que l'Inde contient de couleurs, de bruits et d'extrêmes. « Bombay est une foule »,
écrit l'auteur d'origine indienne V. S. Naipaul. « Un tel tor-
rent de gens balaya la rue, provoquant un tel tourbillon de
tissus légers aux couleurs passées, qu'on aurait cru qu'une
sorte de vanne invisible avait été ouverte et que, si personne ne la refermait, le flot de piétons traversant la chaus-
sée se répandrait partout, et que les bus rouges défoncés et
les taxis jaune et noir seraient stoppés net, pris au piège
dans ce tourbillon humain. »

Avec ses blocs d'immeubles noircis, éclaboussés des couleurs criardes des enseignes commerciales, Bombay n'est
pas à proprement parler une belle ville. Sa réputation tient
plutôt à l'extraordinaire énergie que dégage, de jour comme
de nuit, la frénésie urbaine de ses millions d'habitants.

Récemment rebaptisée **Mumbai** – nom d'origine marathi – par le gouvernement fondamentaliste hindou du
Maharashtra, Bombay est une ville cosmopolite dans le premier sens du terme. On y vient de toute l'Inde, voire du
monde entier, pour y vivre. Devant l'écrasante multitude et
les contrastes saisissants que constituent bazars encombrés
et boutiques élégantes, taudis insalubres et hôtels de luxe,
lieux de culte et centres d'affaires modernes, il n'est pas
rare que le visiteur éprouve un sentiment de vertige.

Bombay fut bâtie sur un groupe d'îlots marécageux
situés au large de la côte de **Gujarat**. Cédée au Portugal en
1534 par le sultan de cette province, elle fit partie de la dot
de la princesse portugaise Catherine de Bragance lors de

À NE PAS MANQUER

*** **Musée du prince de
Galles :** dans un magnifique
édifice historique, l'une des
plus belles collections d'art
indien au monde.
*** **Grottes d'Elephanta :**
temples rupestres ornés de
superbes bas-reliefs et
fresques.
*** **Gateway of India (porte
de l'Inde) :** impressionnant
arc de pierre édifié à l'âge d'or
de la domination britannique.

Page ci-contre : *la porte
de l'Inde, sur le bord de mer,
saisissant vestige de l'époque
coloniale.*

ses noces avec Charles II, roi d'Angleterre. En 1688, le site fut loué à la Compagnie des Indes orientales. C'est sous la domination britannique que Bombay acquit la position de premier port du littoral occidental indien. L'ouverture du **canal de Suez**, en 1869, accrut le développement économique de cette ville pourtant déjà florissante. Sa situation géographique, plus proche de l'Europe, lui permit de

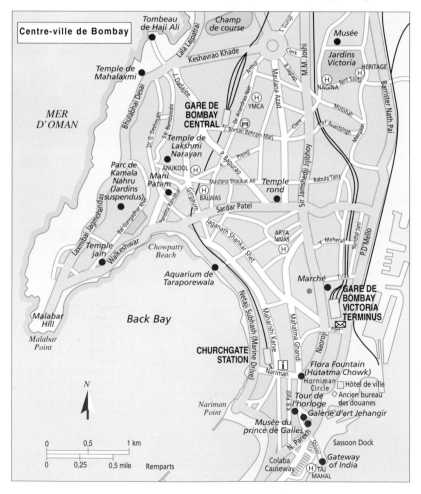

Centre-ville de Bombay

détrôner Calcutta. À l'indépendance, elle devint la capitale d'État du **Maharashtra**.

Au cours des siècles, les terres immergées de Bombay se sont regroupées pour ne plus former qu'une seule grande île. Le site de 60 km de long évoque un triangle, dont la pointe, occupée par **Colaba Causeway**, indiquerait le sud. Juste au dessus de cette étroite avancée bat le cœur de la ville, bordé à l'est par le port. À l'opposé, **Marine Drive** (Netaji Subhash Road), la principale promenade de la capitale, s'étire vers le nord-ouest en longeant Back Bay. À l'extrême ouest, Malabar Point, au-dessus duquel se profile **Malabar Hill** – le quartier résidentiel le plus chic de Bombay –, sépare la baie de l'océan. Coupant à travers le centre-ville, **Mahatma Gandhi Road**, parallèle à Marine Drive, regroupe la plupart des édifices historiques. Dans cette partie de Bombay se succèdent les plus importants vestiges de l'époque coloniale, sous la forme de bâtiments gothiques de style classique et victorien. Parmi les plus imposants figurent l'université, que l'on repère aisément grâce à sa tour de l'horloge de 80 m de haut surplombant KB Patil Marg et, non loin, la Cour suprême (High Court), construite en 1878. Horniman Circle abrite des édifices plus anciens, dont le premier hôtel de ville, inauguré en 1833, et l'ancien bureau des douanes, qui date de 1720.

Au sud du centre-ville, Colaba Causeway désigne un quartier animé s'étirant jusqu'à la pointe de l'île, qui regroupe hôtels et restaurants abordables, boutiques et marchés.

UNE VILLE CHAMPIGNON

Bombay, aujourd'hui métropole tentaculaire de plus de 13 millions d'habitants, est l'une des villes les plus récentes de l'Inde. Avant l'arrivée des **Portugais**, puis celle de la **Compagnie des Indes orientales**, elle se résumait à un groupe d'îles marécageuses. Jusqu'au milieu du XIXe siècle, les Britanniques la délaissèrent pour leurs comptoirs de Madras et Calcutta. Dans les années 1850, cependant, elle était déjà en plein essor. Depuis, celui-ci ne s'est jamais affaibli, et Bombay est à présent le principal centre commercial et financier du pays. Sa population se compose d'une majorité d'hindous et de minorités musulmanes, chrétiennes, jaïnes et parsies.

Ci-dessous : *les marchés de Bombay foisonnent d'étals colorés de produits frais, mais aucune photographie ne peut restituer les senteurs entêtantes des herbes et autres épices.*

ASTUCE POUR VISITER LA VILLE

En dépit de sa taille, Bombay compte relativement peu de monuments importants : une journée suffit pour en faire le tour. Les visites organisées ont tendance à s'attarder sur les sites les moins intéressants, ce qui laisse peu de temps pour profiter des véritables attraits de la ville. La location d'une voiture avec chauffeur, pour une matinée ou une après-midi, vous permettra d'explorer les lieux à votre rythme.

Les zoroastriens, ou parsis, de Bombay figurent parmi les derniers représentants d'une religion qui, jadis, s'étendait de l'Asie occidentale au bassin méditerranéen.
Fondée en Perse par le prophète Zarathoustra (Zoroastre) vers le VIIe siècle av. J.-C., cette croyance repose sur la foi en un dieu unique et bienveillant, Ahura Mazda, en perpétuel conflit avec Ahriman, l'esprit du Mal.

Page ci-contre : *tours modernes et bâtiments désuets se succèdent le long de Marine Drive, la promenade de Bombay.*

Ci-dessous : *la gare ferroviaire de Victoria Terminus, édifiée aux plus beaux jours de l'empire britannique, est la plus vaste de l'Inde.*

MARINE DRIVE (NETAJI SUBHASH ROAD)

La longue promenade incurvée de Bombay s'étire de **Nariman Point**, au sud-est de **Back Bay**, jusqu'à **Malabar Point**, de l'autre côté. La meilleure manière de découvrir les principaux sites de la ville reste de prendre un taxi pour la journée ou, moins onéreux, de participer à la visite guidée d'une demi-journée de la Maharashtra Tourism Development Corporation. **Flora Fountain** (Hutatma Chowk), à l'extrême sud de **Mahatma Gandhi Road**, est le cœur du centre d'affaires. Ici débutent la majorité des circuits indépendants ou organisés. Aux alentours immédiats se dressent de beaux édifices du XIXe siècle, témoins des derniers feux du radjah britannique. Le plus impressionnant en est sans doute la gare ferroviaire de Victoria Terminus, la plus vaste du pays. De style gothique, ses flèches, tourelles et autres fenêtres en ogive, dignes d'une cathédrale, illustrent avec brio la grandiloquence architecturale des Britanniques en Inde.

Dans sa partie septentrionale, à partir de Chowpatty Beach, la plage municipale de Bombay, Marine Drive prend le nom de Walkeshwar Road pour rejoindre le flanc intérieur de Malabar Point. Tout au sud, le **temple jaïn** constitue un repère incontournable : brillant de mille feux grâce à la mosaïque de miroirs qui revêt sa flèche en forme de bulbe, ses murs s'ornent de bas-reliefs élaborés.

L'aquarium de Taraporewala ★★

À mi-chemin de Marine Drive, ce fabuleux aquarium, le plus grand du pays, abrite des espèces d'eau douce comme d'eau salée. Sa réputation ne tient pas tant à la beauté des spécimens présentés qu'à leur taille, parfois gigantesque. Requins, raies et tortues marines font partie du spectacle. Du mardi au dimanche, de 11 h à 20 h.

Mani Patam ***

Le site le plus vénéré de Bombay se niche dans les jardins August Kranmti, à 1 km au nord du croisement Walkeshwar/Marine Parade. Résidence du **Mahatma Gandhi** de 1917 à 1934 lorsqu'il séjournait à Bombay, ce lieu préservé comme un sanctuaire renferme le *charpoy* (paillasse) rudimentaire sur lequel il se reposait, son bâton et ses sandales, ainsi que le rouet dont il fit le symbole de l'Inde. Seule concession du grand homme au monde moderne : un téléphone, placé près du lit. Outre la pièce nue où il travaillait et vivait, l'endroit comprend une vaste bibliothèque consacrée à l'histoire de l'indépendance, ainsi qu'une petite salle de projection diffusant des films sur Gandhi. Ouvert du mardi au samedi de 9 h 30 à 18 h et le lundi de 9 h à 12 h.

Les jardins suspendus (Ferozeshah Mehta Gardens) *

Au sommet de **Malabar Hill**, les jardins suspendus s'étagent au-dessus des réservoirs municipaux. Les citadins indiens tiennent leurs espaces verts en haute estime, mais ceux-ci trouvent rarement grâce aux yeux des Occidentaux. Ces jardins n'y font pas exception. Néanmoins, les jolies sculptures végétales dont ils se parent méritent d'être admirées. Buissons et bordures sont devenus, sous les mains expertes des jardiniers, autant d'éléphants, tigres et autres animaux exotiques. Vous jouirez par ailleurs d'une agréable vue sur la ville et Back Bay.

À proximité se dressent, dissimulées derrière de hauts murs, les **tours du Silence**. La communauté parsie y dépose ses morts pour livrer leur dépouille aux vautours. Le lieu est interdit aux non-parsis.

> **LES PLAGES DE BOMBAY**
>
> À 20 km au nord de Bombay, non loin de l'aéroport de Santa Cruz, s'étend la zone balnéaire de **Juhu**, occupée par plusieurs grands hôtels. Le week-end, la foule s'y presse malgré un sable peu entretenu et une mer polluée. **Marve**, 20 km plus loin, s'avère moins urbanisée. À noter : il est extrêmement dangereux de se baigner à Bombay durant la mousson.

Ci-dessus : *le splendide musée du prince de Galles, bel exemple d'architecture indo-musulmane, abrite une magnifique collection d'art indien.*

FORT BOMBAY ET COLABA

Au sud de Mahatma Gandhi Road et des gares de Churchgate et de Victoria, Fort Bombay désigne, aujourd'hui encore, la partie la plus ancienne de la capitale. Il ne reste pourtant rien de la forteresse portugaise d'origine et des fortifications britanniques qui lui succédèrent.

Musée du prince de Galles (Prince of Wales Museum) ★★★

La visite de ce merveilleux musée demande au moins trois heures. Véritable joyau architectural, il renferme l'une des plus belles collections d'art indien au monde. Bâti en 1905 pour célébrer la venue du prince de Galles (futur roi Georges V), l'édifice de style indo-musulman constitue un élégant pastiche d'architecture médiévale moghole. Ceux qui disposent d'un temps limité peuvent s'en tenir à la galerie principale du rez-de-chaussée : elle expose quatre mille ans d'art indien, des figurines en terre de la civilisation de l'Indus jusqu'aux délicates peintures du XVIIe siècle moghol. Les autres pourront parcourir à loisir les salles remplies de statues, d'art séculier et hindou, de bijoux, et de trésors archéologiques en argent et en jade découverts à travers tout le sous-continent.

Si vous prévoyez de visiter les réserves naturelles de Goa ou du Kerala, faites un saut au département d'histoire naturelle. Ouvert de 10 h à 17 h 30, du mardi au dimanche.

Galerie d'art Jehangir ★★★

Dans les jardins paysagers du musée, la galerie d'art Jehangir renferme la plus importante collection d'art moderne en Inde. Les expositions collectives rassemblent jusqu'à quatre artistes contemporains et offrent un contraste intéressant avec l'art ancien, même si celui-ci reste incomparable. Ouvert du mardi au dimanche, de 10 h à 17 h 30.

LES DÉJEUNERS DHABA

Plus de 2 000 *dhaba-wallahs* – l'élite des porteurs de déjeuners – travaillent à Bombay. Chaque jour, ils vont chercher plus de 100 000 repas au domicile des employés de bureau, puis les livrent à leurs destinataires éparpillés aux quatre coins de la ville. Analphabètes pour la plupart, les *dhaba-wallahs* utilisent un code de couleurs déchiffrable par eux seuls pour acheminer le bon déjeuner au bon bureau. Chacun d'entre eux porte jusqu'à 40 de ces récipients en métal – appelés « tiffin tins », ou « boîtes à repas » – sur un plateau de bois aussi long qu'étroit, fendant la foule et la circulation de Bombay. En moyenne, paraît-il, moins de 20 repas sont égarés chaque jour.

Gateway of India (porte de l'Inde) **

C'est sous une structure temporaire que le roi Georges V fit, en 1911, son entrée en Inde en tant que souverain. À sa place, et depuis 1923, se dresse désormais ce monumental arc de triomphe. Dessinée par George Willet, à qui l'on doit le musée du prince de Galles, cette porte de 26 m de hauteur flanquée de quatre arches célèbre toute la splendeur anglo-indienne. À côté s'élève la statue de **Shivaji**, chef marathe qui, au XVIe siècle, mena son peuple à la victoire contre les Moghols.

L'ÎLE D'ELEPHANTA ***

Seule île à avoir échappé à l'expansion de la ville, Elephanta se situe à environ une heure de bateau des embarcadères proches du Gateway of India. Outre l'agréable répit que procure la traversée en vous emportant loin de la chaleur urbaine et des gaz d'échappement, la visite des **grottes d'Elephanta** – le site majeur de l'île – se révèle fort intéressante.

Les quatre temples rupestres datent de 450 à 750 de notre ère. La grotte principale, à laquelle on accède par cent vingt-cinq marches, porte, sur près de 8 m de haut, des entrelacs sculptés et de magnifiques fresques illustrant les aspects destructeurs de Shiva. Malheureusement, seul un petit nombre échappèrent au pilonnage mené jadis par les Portugais, de toute évidence peu sensibles à leur beauté.

Ci-contre : *les temples rupestres de l'île d'Elephanta, à une heure de Bombay, remontent, pour le plus ancien, au Ve siècle.*

Bombay en un coup d'œil

QUAND PARTIR ?

Certains prétendent qu'il n'existe aucune meilleure période pour visiter Bombay. S'il y fait effectivement chaud toute l'année, la saison « fraîche » s'étend de **décembre à mars** : c'est l'époque où il pleut le moins et où les températures atteignent au plus 30 °C en journée. Évitez les mois d'avril et de mai, chauds et secs, ainsi que la mousson, de juin à la mi-octobre. Les précipitations sont à leur maximum en juin et juillet.

COMMENT S'Y RENDRE ?

L'aéroport international de Bombay (Santa Cruz) se situe à environ 26 km au nord du centre-ville. Les **navettes** circulant entre le terminal 1 (vols intérieurs) et le terminal 2 (vols internationaux) desservent également le terminal municipal d'Air India, à Nariman Point. Des **taxis** officiels se tiennent à votre disposition devant les deux halls d'arrivée. La plupart des grands hôtels proposent un service de **limousine** de et vers l'aéroport. Aucune ligne de chemin de fer ne relie Santa Cruz au centre-ville. Bombay possède deux grandes **gares ferroviaires**. Ne vous trompez pas : les trains Central Railways ne partent pas de Central Station mais de Victoria Terminus, non loin du quartier du Fort. Ils assurent les liaisons avec le Karnataka, le Maharashtra et Goa, ainsi que le Madhya Pradesh, l'Uttar

Pradesh, le Haryana et le Rajasthan. Central Station, au nord du centre-ville, accueille les trains Western Railways desservant Agra et New Delhi, le Rajasthan et le Gujarat. Un **ferry** circule également entre Bombay et Goa (6 traversées hebdomadaires). Billets et réservations au MTDC (*voir* Adresse utile).

MOYENS DE TRANSPORT

En Inde, il est difficile de louer une voiture sans chauffeur. La **location d'un véhicule** avec chauffeur s'effectue généralement auprès des grands hôtels, des agences de voyage ou des voyagistes. Le moyen le plus économique de se déplacer confortablement reste le taxi. Ce sont tous des Ambassadors, voitures de fabrication indienne sans air conditionné. Ils sont équipés de compteurs, que les chauffeurs rechignent parfois à utiliser en fin de soirée. Insistez. Les **rickshaws** sont indissociables de toute ville indienne. Ces cyclomoteurs à trois roues munis d'un banc couvert sont certes bruyants, bringuebalants, et ouverts à la poussière et aux gaz d'échappement, mais ils sont le mode de transport le moins cher et le plus répandu. En l'absence de compteur, il vous faudra fixer le prix de la course avant de monter. Les chauffeurs maîtrisent généralement mal l'anglais et n'hésitent pas à augmenter leurs tarifs pour les touristes. À vous de négocier.

Bombay jouit d'un réseau de bus étendu. Ces véhicules à impériale, non climatisés, pratiquent des prix défiant toute concurrence. Évitez cependant, matin et soir, la foule des heures de pointe. Des **trains** électriques relient le centre-ville aux agglomérations périphériques. La ligne circulant entre la gare de Churchgate et Central Station traverse le centre de Bombay en faisant plusieurs arrêts.

HÉBERGEMENT

Bombay offre la gamme d'hébergements propre à toute métropole asiatique. Les meilleurs établissements, surplombant **Back Bay**, se regroupent autour de **Nariman Point**.

LUXE

Oberoi Towers, Nariman Point, Bombay 400021, tél. (022) 202 4343.
Non seulement le meilleur hôtel de Bombay, mais également le mieux placé.
The Oberoi, Nariman Point, 400021, tél. (022) 202 5757. Légèrement plus abordable que le précédent et presque aussi luxueux.
Taj Mahal Intercontinental, Apollo Bunder, Bombay 400039, tél. (022) 202 3366. Établissement de classe internationale, situé près de la porte de l'Inde.
Hotel Nataraj, 135 Netaji Subhash Road, Bombay 400020, tél. (022) 204 4161. Un cadre princier s'ouvrant sur Marine Drive. Vues sur la baie.

Bombay en un coup d'œil

Leela Penta Kempinski, Bombay 400059, tél. (022) 636 3636. Le meilleur hôtel près de l'aéroport de Santa Cruz.

PRIX MODÉRÉS
Ramada Inn Palm Grove, Juhu Beach, Juhu, Bombay 400049, tél. (022) 614 9361 ou 614 9343, fax (022) 614 2105. Ce nouveau venu dans la chaîne hôtelière américaine offre une jolie vue sur la plage la plus prisée des environs. **Holiday Inn Bombay**, Balraj Sahani Marg, Juhu, Bombay 400049, tél. (022) 620 4444. Autre établissement récent installé dans ce faubourg à la mode. **Centaur Hotel**, Bombay Airport, Bombay 400099, tél. (022) 612 6660. Bien situé et très abordable.

ÉCONOMIQUE
Les hébergements bon marché se regroupent au sud et à l'est du centre-ville, dans le quartier de Colaba Causeway.

RESTAURANTS ET CAFÉS

Les restaurants des grands hôtels offrent l'avantage d'avoir un bon rapport qualité-prix et une nourriture fiable. La plupart proposent différentes cuisines indiennes, ainsi que des plats occidentaux, japonais ou chinois. Citons, parmi les plus réputés, ceux du **Taj Mahal Intercontinental** et des deux établissements **Oberoi** (*voir* Hébergement).

ACHATS

Dans ce domaine, Bombay offre un choix vaste et intéressant : boutiques d'**antiquités** et d'**artisanat** proposent des articles du Maharashtra comme des quatre coins de l'Inde. Vous trouverez notamment de magnifiques saris en soie à très bas prix. Parmi les autres tentations figurent peintures et sculptures (anciennes ou contemporaines), bijoux en argent du Rajasthan, boîtes en bois sculptées ou marquetées, coffres et autres meubles. Le marchandage (acharné) est de rigueur presque partout. Les **souvenirs** et **objets artisanaux** proposés dans les boutiques des grands hôtels n'ont souvent rien d'exceptionnel, si ce n'est leur prix, plus élevé qu'ailleurs. Les commerçants de Bombay sont passés maîtres dans l'art de convaincre un acheteur potentiel. Si vous ne vous sentez pas de taille à les affronter, rendez-vous au magasin d'État **Central Cottage Industries Emporium**, 34 Chatrapati Shivaji Maharaj Road, près du Gateway of India. Vous y trouverez un vaste choix de tissus fabriqués à la main, meubles, articles de cuisine, tapis, broderies, foulards, saris et bijoux. Les magasins ouvrent de 10 h à 19 h et les échoppes du bazar ferment vers 21 h.

VISITES ET EXCURSIONS

La **Maharashtra Tourism Development Corporation**, CD Hutments, Madame Cama Road, tél. (022) 202 6713 ou 202 7762, organise de nombreuses excursions dans et autour de Bombay, ainsi que dans l'État du Maharashtra. Parmi celles-ci, citons les temples rupestres d'Ellora et d'Ajanta (*voir* pp. 119-120). Elle fournit également des renseignements et effectue des réservations pour les hôtels d'État, les circuits et les trajets en bus à travers le Maharashtra.

ADRESSE UTILE

Government of India Tourist Office, 123 Maharishi Karve Road, Bombay (en face de la gare ferroviaire de Churchgate), tél. 203 3144-5 ; fax 201 4496. Ouvert du lundi au vendredi de 8 h 30 à 18 h et un samedi sur deux de 8 h 30 à 13 h 30. Vous y trouverez, gracieusement offerts, dépliants et plans de Bombay. Cet organisme possède également des comptoirs d'information dans l'aéroport international.

BOMBAY	J	F	M	A	M	J	J	A	S	O	N	D
Temp. moyennes (°C)	24	25	27	28	30	29	27	27	27	28	27	26
Heures de soleil/j.	12	12	12	12	8	4	3	4	6	8	10	12
Jours de pluie	1	1	1	1	5	30	30	30	20	10	5	1
Précipitations (mm)	2	1	1	3	16	520	710	439	297	88	21	2

3
Panaji et le centre de Goa

Encadrée par les rivières **Mandovi** et **Zuari**, la province de Tiswadi englobe, à l'ouest, l'étroite avancée de Cabo Raj Bhavan. **Panaji** (anciennement Panjim), la capitale d'État, occupe la rive méridionale du vaste estuaire de la Mandovi, avant que celle-ci ne se confonde avec Aguada Bay et la mer d'Oman. Au sud, le Cabo Raj Bhavan sépare cette baie de l'embouchure de la Zuari. Deux îles fluviales s'étendent en amont de Panaji : **Divar**, entourée d'eau de toutes parts, et **Chorao**, en réalité une péninsule pénétrant la Mandovi à partir de la province intérieure de Bicholim.

À 9 km environ de Panaji se situe **Old Goa**, la capitale portugaise de jadis. Les cathédrales désertées qui hantent les berges de la Mandovi font de cette ville le principal site historique de l'État. Celui-ci concentre également les plus nombreux exemples d'architecture coloniale civile à Goa. La cité s'étendait autrefois de la Mandovi à la Zuari, englobant l'actuel village de Goa Velha, dont le nom peut prêter à confusion.

Au sud de l'estuaire de la Zuari, l'étroite péninsule de **Marmagao** entame la mer d'Oman. Une zone portuaire industrielle en occupe la pointe. Non loin, l'aéroport de Dabolim accueille la plupart des visiteurs étrangers. Sur le littoral méridional de la péninsule, la petite plage de **Bogmalo**, bien située, abrite des complexes relativement luxueux. En amont, la Zuari s'insère entre Marmagao et la province de **Ponda**, où la ville du même nom s'entoure d'une série d'imposants temples hindous.

À NE PAS MANQUER

*** Notre-Dame-de-l'Immaculée-Conception : magnifique église du XVIIᵉ siècle, la plus spectaculaire de Panaji.
*** Old Goa : vestiges de l'ancienne capitale portugaise, aujourd'hui abandonnée. Cathédrales et arcs de triomphe imposants.
** Plage de Dona Paula : la plus proche de Panaji.
** Bogmalo : bande de sable peu fréquentée malgré sa proximité avec l'aéroport.

Page ci-contre : *Saint-François-d'Assise, l'église la mieux préservée d'Old Goa.*

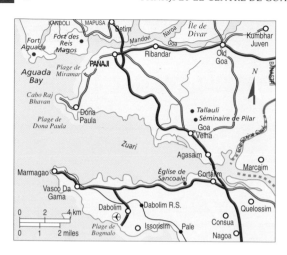

PANAJI

Curieusement, la modeste capitale de Goa reste peu fréquentée par les touristes. Il est vrai que ses plages, pourtant très accessibles, ne figurent pas parmi les meilleures de la région ; les visiteurs leur préfèrent les sites du Nord et du Sud de l'État. Loin d'être une métropole malgré son statut officiel, Panaji tient davantage de la petite ville portugaise que de la conurbation indienne typique. Une demi-heure suffit pour la traverser à pied et il est possible de conjuguer, sans se presser, visites et achats en une matinée. Le petit matin se prête parfaitement à sa découverte : sur les marchés, l'activité bat son plein et la chaleur reste supportable. L'après-midi, toute la ville sommeille pour renaître en fin de journée.

L'ÉTAT DE GOA

Avec une population d'environ 1,3 million d'habitants et une superficie de 3 702 km², Goa est le plus petit des États indiens. Bien que jalonné d'une multitude d'églises, seuls 30 % de ses habitants sont de confession chrétienne, tandis que 64 % appartiennent à l'hindouisme. La pêche constitue une importante industrie d'exportation, notamment vers l'Extrême-Orient. Les cultures principales sont le riz, les noix de coco et de cajou. Goa est également un important producteur et exportateur de minerai de fer et de bauxite, extraits des mines à ciel ouvert des environs de Bicholim.

Le quartier de Fontainhas **

Immédiatement à l'ouest d'**Ourem Creek** – l'affluent de la Mandovi marquant la limite orientale de Panaji – s'étend le vieux quartier portugais de Fontainhas, partie la plus agréable de la ville. La plupart de ses maisons datent du début du XIXe siècle et un réseau d'étroites ruelles relient entre elles les trois avenues qui le composent. Le bord de mer défiguré par des constructions modernes ne réussit pas à ternir le charme de son atmosphère désuète.

Notre-Dame-de-l'Immaculée-Conception ***

Éclatante sous le soleil, cette église au clocher imposant constitue l'édifice le plus saisissant de Panaji. Elle domine le **quartier d'Altinho**, situé entre Fontainhas et les rives de la Mandovi. L'église originelle du site fut érigée dans les premières années de l'occupation portugaise. Elle fut démolie en 1619 pour laisser place à celle que nous connaissons aujourd'hui. Outre le double escalier processionnel, qui date de 1871, une série d'ajouts et d'extensions la transformèrent durant toute la période coloniale.

La chapelle Saint-Sébastien ▲

Cette modeste chapelle du quartier de Fontainhas date de 1888. Elle abrite le crucifix du quartier général de l'**Inquisition** à Old Goa. L'objet fut transféré ici au XIXᵉ siècle, après l'abandon par les Portugais de leur première capitale.

Le secrétariat du gouvernement (palais du sultan) ★

L'ancien palais de Yusuf Adil Shah, sultan de Bijapur et dernier musulman à avoir régné sur Goa, est aujourd'hui un majestueux bâtiment doté d'arcades dominant les rives de la Mandovi. Les multiples transformations qu'il a subi depuis l'arrivée des Portugais ont effacé toute trace des fortifications d'origine tournées vers la mer.

Le marché municipal ★

Le marché municipal couvert de Panaji occupe plusieurs pâtés de maisons, du bord de mer vers l'intérieur de la ville, avant de s'étendre aux rues et ruelles environnantes. Sur les étals se succèdent un festival de produits frais, poissons séchés, ustensiles ménagers et autres herbes et épices. Essentiellement destiné aux habitants, il ne recèle aucun produit « touristique », ce qui ne gâte en rien le plaisir d'y flâner.

Ci-dessous : *à Panaji, Notre-Dame-de-l'Immaculée-Conception surplombe le quartier d'Altinho.*

Ci-contre : *les eaux goanaises, cristallines durant la majeure partie de l'année, prennent parfois un aspect boueux lors de la mousson.*

L'ÈRE MUSULMANE DE GOA

Avant Old Goa, d'autres cités étaient bâties sur ce site aisément défendable, doté d'un précieux port naturel. Dans la première moitié du XIᵉ siècle, le roi kadamba **Jayakeshi Iᵉʳ** fonda, près de Goa Velha, la ville de Govalpuri. Capitale de la dynastie jusqu'en 1343, elle fut conquise à cette date par le sultan musulman **Jamal ud-Din**, avant d'être reprise par les Kadamba l'année suivante. Entre 1345 et 1358, elle appartint successivement aux musulmans bahmani, puis au roi hindou de Vijayanagar. Rebaptisée Gopakkapattana, elle fut rasée en 1469 par de nouveaux conquérants bahmani. Ceux-ci fondèrent leur nouvelle capitale, Ela, à proximité du site actuel d'Old Goa. De cette ville musulmane investie par les **Portugais** ne reste aujourd'hui que la porte du palais d'Adil Shah.

LES PLAGES DES ENVIRONS DE PANAJI

Miramar ★

À seulement 3 km à l'ouest de la ville, la plage la plus proche de Panaji s'étire vers Cabo Raj Bhavan. Servant de terrain de sport ou de point de rencontre aux habitants, elle n'offre hélas aux baigneurs qu'une eau boueuse et un sable douteux.

Dona Paula ★★

Cette bande sableuse occupant le flanc sud de Cabo Raj Bhavan, à 8 km de la capitale, se révèle bien plus agréable. Elle est dominée par les jardins paysagers et les bâtiments discrets du luxueux hôtel Cidade de Goa, construit dans un style mauresque. Sur la plage même, il est possible de pratiquer ski nautique et autres sports aquatiques.

OLD GOA

À 9 km à l'est de Panaji, Old Goa représente le principal site de l'État. Sur les rives de la **Mandovi** se succèdent églises, monastères et couvents vieux de plusieurs siècles, seuls vestiges de cette capitale coloniale dont l'influence s'étendait sur tous les territoires portugais d'outre-mer.

L'abandon progressif de la ville – qui s'étendit sur trois siècles – est en partie imputable aux vagues d'épidémies qui décimèrent la population. Les édifices désertés furent démolis pour fournir des matériaux de construction utilisés ailleurs. Au début du XIXe siècle, seuls les principaux lieux de culte rappelaient l'existence passée de toute une ville. Leur répit fut de courte durée. En 1835, le gouvernement portugais ordonna la dissolution des ordres religieux, provoquant l'éparpillement de la communauté chrétienne et l'abandon de ses églises.

Le cœur d'Old Goa se résume à un groupe de trois édifices, entourés de pelouses : la **cathédrale de Sé**, l'**église Saint-François-d'Assise** et le **musée archéologique**, anciennement couvent Saint-François. À l'entrée du site veille la statue du soldat et poète portugais Luis de Camoes.

La cathédrale de Sé ***

Les dominicains voulaient en faire la plus grande église de l'empire portugais en Asie. Commencée en 1562, sa construction ne fut achevée qu'à la moitié du XVIIe siècle. De ses tours jumelles, une seule a survécu. L'intérieur imposant, d'un blanc éclatant, expose une voûte en berceau et renferme un magnifique retable dont les scènes peintes à l'or retracent la vie de sainte Catherine d'Alexandrie, à qui le lieu est dédié.

Ci-dessus : *ornement floral sur la porte de la basilique du Bom Jesus.*
Ci-dessous : *la cathédrale de Sé d'Old Goa, construite en 1562, remonte aux premiers temps de la conquête portugaise.*

VISITER OLD GOA

Prévoyez au moins une demi-journée pour visiter tous les grands édifices d'Old Goa. Bien qu'une demi-heure suffise pour découvrir chacun d'entre eux, les églises, couvents et cathédrales s'étendent sur une superficie considérable. Au moment de la rédaction de cet ouvrage, toutes les entrées étaient gratuites, y compris celle du musée. Sur le parking réservé aux cars, sur la route principale, des échoppes proposent des boissons fraîches, tandis qu'un petit café servant boissons et en-cas est installé près de la cathédrale de Sé.

Ci-dessus : *parmi les sculptures en bois de saints et de la Vierge qui ornaient jadis les églises, peu ont survécu.*
Ci-dessous : *l'intérieur de Saint-François-d'Assise recèle de magnifiques panneaux illustrant la vie du saint.*

LUIS DE CAMOES

Le soldat itinérant Luis de Camoes, dont la statue se dresse à proximité de la cathédrale de Sé, arriva à Goa en 1554. Pendant seize ans, il servit les vice-rois en combattant sur la côte de Malabar (actuel Kerala), à Malacca et en Indochine. Son cycle poétique épique, *Os Lusiadas*, l'une des œuvres majeures de la littérature portugaise, date de cette époque. Bien que ce site fut choisi pour lui rendre hommage, Goa figure à peine dans ses écrits.

L'église Saint-François-d'Assise *

La mieux préservée des grandes églises d'Old Goa, Saint-François ne conserve de son bâtiment d'origine, érigé en 1521, que l'entrée principale dotée de pilastres circulaires et de rosaces. Sa façade à trois niveaux, flanquée de tours octogonales, date de 1661. Dernier exemple en Asie de l'architecture manuéline portugaise du XVIᵉ siècle, l'édifice renferme une nef surmontée d'une voûte en berceau, tandis que le chœur est dominé par un croisement d'ogives. Les contreforts intérieurs s'ornent de fresques florales. Des statues de saint Pierre et de saint Paul se dressent près de l'autel, lui-même surmonté de saint François et du Christ sur la croix. Les panneaux de la nef sont consacrés à la vie du saint. Ce qui reste des dorures et peintures qui paraient autrefois l'intérieur des lieux suffit à en évoquer la splendeur à jamais disparue.

Le musée archéologique d'Old Goa **

Le musée, installé dans l'ancien **couvent Saint-François** se situe entre l'**église Saint-François-d'Assise** et la **cathédrale de Sé**. Excellente introduction à l'histoire de Goa avant et après la colonisation portugaise, il contient nombre de fragments et de statues de pierre datant de l'époque hindoue, des portraits de Vasco de Gama, d'Alfonso de Albuquerque et de leurs successeurs, ainsi qu'une collection de pièces de monnaie témoignant des

différentes dominations sur la région. Ne manquez pas la sculpture de Vishnu accompagné de son épouse, Lakshmi, et de sa monture, Garuda. Ouvert de 10 h à 17 h tous les jours, sauf le vendredi et les jours fériés.

La basilique du Bom Jesus **

En face de la cathédrale de Sé, la basilique du Bom Jesus, érigée par les jésuites et consacrée en 1605, mêle dorures somptueuses et murs défraîchis. Le vaste édi-fice, ren-du plus massif encore par les blocs de latérite aujourd'hui à nus et les immenses contreforts qui le sou-tiennent, exhibe une imposante façade ouest. Il abrite le tombeau de **saint François Xavier**, la relique la plus vénérée de Goa. En jaspe finement sculpté et décoré de panneaux de bronze dépeignant la vie du saint, il fut offert à l'église par le duc de Toscane en 1698. La dépouille sacrée repose dans un sarcophage en argent massif.

Ci-dessus : derrière l'imposante façade baroque de la basilique du Bom Jesus repose le tombeau de saint François Xavier.

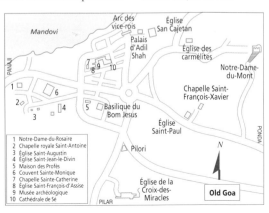

1 Notre-Dame-du-Rosaire
2 Chapelle royale Saint-Antoine
3 Église Saint-Augustin
4 Église Saint-Jean-le-Divin
5 Maison des Profès
6 Couvent Sainte-Monique
7 Chapelle Sainte-Catherine
8 Église Saint-François-d'Assise
9 Musée archéologique
10 Cathédrale de Sé

Ci-dessus : *les galeries à colonnades qui entourent la cour intérieure de la maison des Profès conservent une agréable fraîcheur.*
Page ci-contre : *à Panaji, quelques coquettes maisons coloniales se dressent encore sur les berges de la Mandovi.*

MATÉRIAUX DE CONSTRUCTION

La plupart des édifices coloniaux d'Old Goa doivent notamment leur état de délabrement au fait que la latérite est une pierre qui résiste mal aux intempéries. Les Portugais remédiaient à cela en la recouvrant d'une couche protectrice d'enduit de plâtre peint, méthode nécessitant un entretien et un renouvellement constants. Depuis l'abandon des bâtiments, ceux-ci sont livrés aux ravages de la mousson.

La maison des Profès *

Havre de fraîcheur et de tranquillité, ce lieu abrite l'ordre des Jésuites. Dans un coin de la galerie du deuxième étage, presque toujours déserte, se tient une effigie en bois du saint privé de sa tête et que les termites achèvent de ronger. Le bâtiment accueille toujours les séminaires de l'ordre.

La chapelle Sainte-Catherine **

Elle est à la fois l'église la plus ancienne et la plus récente d'Old Goa. Fondée en 1510 par **Alfonso de Albuquerque**, la première chapelle subit une multitude d'ajouts et d'extensions, jusqu'à être entièrement reconstruite en 1952.

Le couvent Sainte-Monique **

L'ensemble actuel fut bâti entre 1637 et 1645, sur le site d'un premier couvent, détruit par un incendie en 1636. Son aspect particulièrement imposant cache un intérieur extrêmement dénudé. Édifié en carré autour d'une cour centrale, l'édifice de trois étages comporte d'importants contreforts, à l'extérieur comme à l'intérieur. Il abrite aujourd'hui l'**Institut Mater Dei**, un centre d'études théologiques pour moniales.

L'église et le couvent Saint-Jean-le-Divin *

Non loin du précédent, dans la partie d'Old Goa appelée **Holy Hill**, le couvent Saint-Jean fut l'une des nombreuses fondations religieuses abandonnées en 1835. Il fut ensuite intégré au couvent Sainte-Monique. Érigé en 1685, l'édifice fut restauré en 1961 avec l'aide du gouvernement portugais. Il héberge aujourd'hui des moniales franciscaines.

Notre-Dame-du-Rosaire *

La plus ancienne des églises d'Old Goa à être restée intacte marque le site où Albuquerque harangua ses hommes avant la bataille décisive de Goa, en 1510. En témoignage de sa gratitude, le général victorieux fit édifier une église, que celle-ci remplaça en 1549. Elle n'est ouverte au public que pendant les jours fériés.

L'église San Cajetan ***
Construite en 1656-1661, cette vaste église emprunta sa façade à **Saint-Pierre** de Rome. Couronné d'un dôme, l'intérieur recèle sept retables dorés à l'or fin. L'édifice abrite aujourd'hui un collège religieux et, grâce à plusieurs opérations de restauration, reste l'un des mieux préservés d'Old Goa. Citons notamment l'autel et la chaire, richement sculptés. Au centre se tient un puits, preuve pour certains que San Cajetan occupe le site d'un ancien temple hindou.

L'église Saint-Augustin *
Il ne reste de cet édifice que son gigantesque beffroi, haut de 46 m. Bâtie en 1602, l'église se résume aujourd'hui à des pans de mur en latérite sombre entourant un sol délabré, parsemé de tombeaux portugais du XVIIᵉ siècle.

La chapelle royale Saint-Antoine *
Cette petite chapelle située à proximité des ruines de Saint-Augustin fut dédiée au saint patron du Portugal et date du milieu du XVIᵉ siècle. Comme son immense voisine, elle appartenait aux **augustiniens**. Elle fut désertée en 1835 après la dissolution de l'ordre. L'édifice fut restauré en 1894, puis, comme tant d'autres, en 1961. À côté des murs rongés de Saint-Augustin, elle offre un aspect presque pimpant.

> **LA CHAPELLE ROYALE SAINT-ANTOINE**
>
> À Old Goa, la chapelle Saint-Antoine est souvent désignée sous le nom de chapelle royale. Saint patron du Portugal, saint Antoine faisait l'objet d'une grande vénération. Sa statue portait le titre de capitaine et, chaque année, elle était portée en parade dans la ville jusqu'au Trésor colonial pour y recevoir son salaire, qui allait directement dans les coffres des augustiniens.

CARNAVAL

À Panaji, le carnaval, qui a lieu durant les quatre jours qui précèdent le Carême, est l'événement le plus attendu de l'année. Le clou des festivités est le défilé de chars décorés, escortés de troupes rivales pouvant rassembler jusqu'à cent danseurs parés de costumes étincelants. Une concurrence acharnée oppose les équipes locales pour remporter le prix du plus beau char. Après les animations de la journée, la danse occupe toutes les soirées.

L'arc des vice-rois **

L'arc de triomphe enjambant la route menant à la Mandovi constitue la version restaurée en 1954 de l'arche originelle, qui s'écroula en 1948. Commandée en 1599 par Francisco de Gama, petit-fils du navigateur et gouverneur de Goa à la fin du XVIᵉ siècle, elle se dressait à droite du **palais des vice-rois**, entrée cérémonielle de la ville. Tournée vers la rivière, c'est de ce côté qu'elle s'avère la plus imposante. La statue de **Vasco de Gama** qui se tient sous l'arche n'est qu'une pâle reconstitution de l'original. Le daim sculpté dans la paroi en latérite évoque le blason du conquérant.

La porte du palais d'Adil Shah *

Devant l'église San Cajetan, une volée de six marches mène à une porte de pierre sculptée, seul vestige du **palais d'Adil Shah** de Bijapur. Après la conquête portugaise, le lieu devint la résidence attitrée du vice-roi. Lorsque celui-ci fuit Old Goa dévastée par les épidémies, le palais fut démoli et ses matériaux réutilisés pour un palais à Panaji. L'arche, qui porte des décorations hindoues, fut très probablement prise à un temple.

Ci-dessous : *la porte du palais d'Adil Shah, seul vestige de la dynastie musulmane qui régna sur Goa.*

L'église Saint-Paul *

De cette église du XVIᵉ siècle ne reste aujourd'hui que l'arche de pierre de sa porte principale. L'édifice faisait partie du **collège Saint-Paul**, où l'on enseignait la prédication aux hindous convertis. Il figura parmi les premiers à subir les conséquences des vagues d'épidémies qui frappèrent la ville. Consacrée en 1543, l'église fut abandonnée en 1570 et livrée aux ravages du temps jusque dans les années 1830. Elle fut alors démolie pour fournir des matériaux de construction. La **chapelle Saint-François-Xavier** toute proche, dont on dit qu'elle abrita les prières du saint durant son séjour à Goa, fut restaurée in extremis en 1884.

GOA VELHA ET LES ENVIRONS

Ne confondez pas Goa Velha, village qui comporte

Ci-contre : *vitrail coloré illuminant l'intérieur du séminaire de Pilar.*

quelques édifices religieux de l'époque portugaise, avec Velha Goa (Old Goa). À environ 16 km au sud-est de Panaji, le premier marque la limite méridionale du territoire que couvrait autrefois la puissante capitale entre la Mandovi et la Zuari. Le second se trouve à 12 km plus au nord. Si Goa Velha, qui a gardé son nom depuis la domination portugaise, conserve peu de traces de l'ancienne cité, il comprend encore quelques sites dignes d'intérêt.

Le séminaire de Pilar *

L'ensemble architectural situé au nord de Goa Velha fut d'abord un couvent **capucin**. Érigé en 1613, laissé à l'abandon en 1835, puis restauré par les **carmélites** en 1858, il est aujourd'hui la propriété de la **Société missionnaire de Saint-François-Xavier**. Le plus intéressant de ses bâtiments est l'église monastique, dotée d'une magnifique entrée baroque. Le séminaire surplombe une petite colline. Non seulement sa visite mérite le détour, mais vous jouirez d'un superbe panorama sur la Zuari et l'intérieur des terres.

NOMS DE LOCALITÉS

Cartes et noms de localités goanaises peuvent susciter une certaine confusion. Il n'est pas rare de rencontrer au moins deux versions de chaque appellation en usage : l'une de l'époque portugaise et un ou plusieurs noms plus récents. Ainsi convient-il de faire la distinction entre le site historique d'Old Goa et le village de Goa Velha, situé plus au sud ; entre les lieux de villégiature de Candolim (Kandoli), au nord de Goa, et Cansaulim, au sud. Sachez que Bicholim et Dicholi désignent le même lieu, et que Mapusa, au nord, est parfois appelé Mapuca.

Ci-dessus : *vendeur ambulant proposant jus de fruits frais et friandises, à Vasco Da Gama.*

VASCO DE GAMA

En juillet 1497, Vasco de Gama quitta Lisbonne avec l'espoir d'ouvrir une nouvelle route commerciale vers l'Inde et les îles aux épices, en contournant l'Afrique. À la tête d'une flotte de quatre vaisseaux et de cent soixante-dix hommes, il doubla le **cap de Bonne-Espérance** en décembre, avant de remonter la côte orientale et de traverser l'océan Indien. Le 20 mai 1498, il mouilla au large de **Calicut**, au Kerala. Cette première expédition européenne vers l'Orient inaugura cinq siècles de domination portugaise en Asie.

L'église Sainte-Anne ★

À environ 3 km au nord de Goa Velha, dans le hameau de **Tallauli** (Talaulim), Sainte-Anne est l'une des plus importantes églises situées en dehors d'Old Goa. La façade à cinq niveaux, peu entretenue, cache un intérieur voûté, blanchi à la chaux et agréablement frais. L'église, consacrée en 1695, s'élève sur le site d'un premier édifice remontant au XVIe siècle. Elle semble n'ouvrir que le dimanche et les jours fériés.

LA PROVINCE DE MARMAGAO
Vasco Da Gama ★

Baptisé d'après le célèbre navigateur mais plus couramment appelé Vasco, ce petit centre commerçant dynamique est l'exact opposé de Panaji : dédié à l'activité marchande et à l'import-export, il ne comprend aucun monument historique. Les arrivées des trains rapides en provenance des États voisins ajoutent à l'animation ambiante. Pour les visiteurs, l'intérêt de Vasco se limite à son statut de terminus ferroviaire ou de point de départ en bus vers le sud de Goa et au-delà.

Marmagao *

Grâce à son anse naturelle, Marmagao représente, après Bombay et Kochi, au Kerala, l'un des meilleurs atouts commerciaux de la côte occidentale de l'Inde. Ce site, dédaigné par les Portugais, prit son essor lors de l'union avec l'Inde pour devenir le port maritime le plus important de Goa et l'une des bases de la marine nationale. Nombre de circuits organisés prévoient un bref arrêt à Marmagao pour visiter la zone portuaire, d'où sont exportées, chaque année, des millions de tonnes de minerai de fer. Il abrite également l'une des plus grandes raffineries de pétrole du pays. Pour surprenante qu'elle soit, cette étape touristique s'explique par le fait que de tels symboles de progrès et de développement industriel suscitent encore une fierté nationale considérable. Des ferries passagers relient Marmagao à Dona Paula, sur la rive septentrionale de la Zuari.

À L'ARRIVÉE

Si vous participez à un voyage organisé, un car et un représentant de votre voyagiste vous accueilleront à l'aéroport de Dabolim. Nous conseillons aux voyageurs indépendants de se rendre au comptoir officiel des taxis, où la course se paie d'avance contre un récépissé à remettre au chauffeur. Si votre budget est limité, prenez un taxi jusqu'à Vasco Da Gama (5 km), où vous attendent des correspondances routières et ferroviaires.

Bogmalo **

La situation de cette plage, à seulement 3 km au sud de l'aéroport de Dabolim, lui a valu d'accueillir les premières infrastructures touristiques de Goa. Ainsi, dominée au sud par le peu gracieux doyen des hôtels de luxe, cette bande sableuse s'entoure d'un chapelet de petits restaurants, bars et autres étals de souvenirs. En dépit de cette erreur de jeunesse et de sa taille relativement modeste – 1 km du Nord au Sud –, Bogmalo reste préservée. Les habitants de Vasco Da Gama viennent y passer la journée et il est facile de s'y rendre à partir de Panaji.

Ci-dessous : *la plage de Bogmalo, non loin de l'aéroport de Dabolim : un ruban de sable blanc bordé d'une mer limpide.*

Panaji et le centre de Goa en un coup d'œil

QUAND PARTIR ?

La saison idéale s'étend de **décembre** à **mars**. C'est en avril et en mai que la chaleur et la sécheresse se font le plus sentir. Évitez juin et juillet. La fin de la mousson, en **août** et **septembre**, lorsque les pluies diminuent d'intensité et que les paysages sont verdoyants, peut se révéler très agréable.

COMMENT S'Y RENDRE ?

L'**aéroport** international de Goa, Dabolim, se situe à 30 km de Panaji. Comptez 45 min en voiture. Les moyens de transport publics les plus proches se regroupent à Vasco Da Gama. Les voyages organisés disposent de leurs propres cars. Un service de **taxis** compétent dessert diverses destinations goanaises. Des **trains** en direction du sud de Goa et du Karnataka partent de la gare de Vasco Da Gama. La nouvelle ligne côtière du Konkan Railway, achevée en 1998 et couvrant 760 km, relie Vasco et d'autres gares goanaises (Pernem, Karmali, Thivim et Margao) à Bombay au nord, et Ernakulam au Kerala, réduisant ainsi de moitié la durée du voyage entre Bombay et Goa. Bangalore peut être rallié directement en une vingtaine d'heures.

Les **bus** desservant le sud de l'État partent également de Vasco Da Gama. Vers ou en provenance du nord de l'État, ils s'arrêtent au terminal routier de Patto, à l'est de Panaji. Évitez autant que possible de parcourir de longues distances en bus. Un service de **ferry** circule également entre Bombay et Goa (6 traversées hebdomadaires). Pour les billets et les réservations, adressez-vous notamment à la **Goa Tourist Development Corporation**.

MOYENS DE TRANSPORT

Des **voitures** – en général avec chauffeur – sont proposées par plusieurs sociétés de location locales ou internationales, par les hôtels et le Goa Department of Tourism. Il est possible de louer un **taxi** pour explorer les environs ou se déplacer dans Goa, soit en négociant directement avec le chauffeur, soit – plus pratique et pas forcément plus cher – en s'adressant à votre hôtel ou à une agence de voyages. Il existe des forfaits à l'heure, à la journée ou selon la destination. Ces taxis touristiques se reconnaissent à leur couleur blanche ou crème. Les véhicules ordinaires, noir et jaune, possèdent un compteur, que les chauffeurs utilisent avec beaucoup de réticence. Mettez-vous d'accord sur le prix de la course avant de monter. Les **rickshaws**, cyclomoteurs à trois roues équipés d'un siège bâché à l'arrière, sont plus chers que les taxis et ne se prêtent qu'à de très brefs trajets. Les **bus** publics sont fréquents mais lents ; rejoindre un point éloigné demande souvent plusieurs changements. Les véhicules sont certes équipés d'une climatisation écologique – les fenêtres sont dépourvues de vitres –, mais celle-ci ne rejette pas la poussière. Les groupes peuvent louer des cars et des minibus climatisés auprès de voyagistes locaux. Le trajet entre Vasco et Panaji implique un long détour pour traverser la Zuari. Des **ferries** circulent entre Marmagao et Dona Paula.

HÉBERGEMENT

Panaji offre un large choix d'hôtels, de la pension bon marché à l'établissement à prix modéré, mais aucun complexe international important. Il n'existe aucun hébergement à Old Goa.

LUXE

Cidade de Goa, Vainguinim Beach, Dona Paula, tél. (0832) 221133, fax 223303. Complexe assez isolé, situé sur une petite plage plutôt ordinaire.
Goa Marriott Resort, Miramar Beach, PO Box 64, Panaji, tél. (0832) 437001, fax 437020. Grand complexe international en périphérie de Panaji.

PRIX MODÉRÉS

Hotel La Paz Garden, Swatatraya Path, Vasco Da Gama, tél. (0832) 512121, fax 512126. Le plus grand et le plus moderne des hôtels de Vasco.
Fidalgo Hotel, 18th June Road, Panaji, tél. (0832) 2262291, fax 223330. Vaste hôtel (129 chambres) doté de restaurants, d'une piscine et d'une salle de sport.
Mandovi Hotel, PO Box 164, D. B. Bandodkar Marg, Panaji, tél. (0832) 224405, 46270/1/2/3, fax 225451. Hôtel moderne

Panaji et le centre de Goa en un coup d'œil

confortable et récemment rénové dans le centre de Panaji.

Golden Goa Hotel, Dr Atmaram Borker Road, Panaji, tél. (0832) 227231, fax 224958. Petit hôtel (36 chambres) bien aménagé.

Hotel Solmar, Miramar Beach, Panaji, tél. (0832) 230041. Petit hôtel confortable en périphérie de Panaji, à l'extrémité nord de Miramar Beach.

ÉCONOMIQUE

Panjim Inn, E-212, 31st January Road, Fontainhas, Panaji, tél. (0832) 46523. Hôtel tenu par une famille. Lits à colonnes en bois sculpté avec moustiquaire et balcons surplombant la cour intérieure d'une demeure portugaise vieille de 300 ans.

RESTAURANTS ET CAFÉS

Rappelons qu'à Goa, comme partout ailleurs en Inde, l'appellation « hotel » désigne souvent un petit restaurant local dépourvu de chambres.

Panaji

La capitale offre un choix réduit de restaurants. En soirée, essayez un des petits « hotels » servant généralement une bonne sélection de plats goanais, asiatiques et occidentaux.

Hotel Venite, Post Office Road, Fontainhas. Ce restaurant agréablement désuet, aux parquets fraîchement cirés, se situe au premier étage d'une maison dont les balcons en fer forgé donnent sur la rue. Une atmosphère unique à Panaji.

Fidalgo Hotel, cuisines occidentale, goanaise et chinoise.

Riorico (Mandovi Hotel), bonne cuisine goanaise.

Quarterdeck Restaurant, Mandovi Park, Panaji, tél. (0832) 232905. Terrasse ouverte, simple et agréable, surplombant la rivière ; en face du Mandovi Hotel. Fruits de mer, boissons non alcoolisées, bière fraîche. Ouvert en journée et en soirée.

Vasco

Nous vous conseillons les restaurants du La Paz Garden Hotel pour leur choix de cuisines indienne, goanaise, chinoise et occidentale.

Old Goa

Près de la cathédrale de Sé, un petit café en plein air sert boissons et en-cas à l'ombre d'un grand arbre. Vous trouverez des buvettes à côté du parking pour les cars.

Bogmalo

Un choix surprenant de bons petits restaurants de fruits de mer jalonnent le site. La plupart se concentrent à proximité du marché semi-permanent, à l'extrémité sud de la plage.

ACHATS

Panaji offre un choix inégal dans ce domaine. En flânant au marché municipal, on trouve des objets aussi divers que des boîtes à déjeuner en métal, des bijoux fantaisie, des sacs indiens ou des sandales de style rétro. Aux alentours se trouvent plusieurs

boutiques de souvenirs et des tailleurs. À l'extrême sud de la plage de Bogmalo se tient un marché touristique semi-permanent haut en couleur, avec des articles venant des quatre coins de l'Inde. C'est en soirée que l'activité bat son plein. Les prix sont exagérés : n'hésitez surtout pas à marchander.

Goa Tourist Development

VISITES ET EXCURSIONS

Corporation réservations, tél. (0832) 226515, fax 223926. Excursions au départ de Panaji et de Vasco vers le Nord et le Sud de Goa, à Old Goa, à Ponda, aux chutes de Dudhsagar et dans les réserves naturelles de Bondla et de Bhagwan Mahavir. La GTDC propose également des **croisières** d'une heure et des circuits d'une demi-journée sur la Mandovi et la Zuari.

Travel Corporation India, Citicentre 19, Patto Plaza, Panaji, tél. (0832) 222172 ou 223754, fax 225152. Croisières sur rivières et canaux, visites de temples et de réserves et circuits sur plusieurs jours.

ADRESSE UTILE

Government of Goa Tourist Information Office, Tourist Home, Patto, Panaji, tél. (0832) 225583, fax 228819. Dépliants, plans, liste des hôtels et pensions, réservations pour les hôtels d'État et les bungalows des réserves naturelles, excursions et réservations pour les ferries.

4
Le nord de Goa

Les **plages** qui s'étendent au nord de l'État, de la Mandovi au sud à la Chapora au nord, sont les plus prisées par les visiteurs. Sur le littoral, entre les remparts portugais du XVIIe siècle de **Fort Aguada** et le bastion du XVIIIe siècle de **Chapora**, qui domine le site de **Vagator**, s'égrène une gamme variée d'hébergements. Ceux-ci accueillent principalement une clientèle en provenance du Royaume-Uni, du Nord de l'Europe et du reste de l'Inde. Fort Aguada a ainsi été entièrement transformé en hôtel de luxe. Cette partie de la côte offre de longues étendues de sable fin, qu'un rideau de palmiers isole des infrastructures touristiques. Les villages eux-mêmes étant situés en retrait du bord de mer, on ne peut s'empêcher de penser, en découvrant ces plages, à un paradis tropical intact. Durant la mousson, entre mi-juin et fin août, le tableau perd de sa superbe : le sable se creuse sous l'effet du ressac, restaurants et bars de plage ferment, tandis que des pluies aussi fréquentes que torrentielles précipitent touristes et habitants sous les abris.

Au nord de la rivière Chapora, les sites, épargnés par le tourisme de masse, restent très préservés. Le littoral désert et les conditions de séjour rudimentaires attirent visiteurs semi-permanents – beaucoup séjournent ici durant tout l'hiver – et voyageurs indépendants cherchant un peu de repos après un périple en Asie. À l'extrême nord de l'État, les promontoires rocheux séparant les plages sont moins élevés qu'au sud, tandis que les villages se nichent parmi les cocoteraies de l'intérieur des terres.

À NE PAS MANQUER

*** Fort Aguada : puissantes fortifications renfermant des hôtels luxueux et dominant une belle plage isolée.
*** Anjuna : plages agréables et tranquilles, petit village à l'ambiance détendue et marché hebdomadaire haut en couleur.
** Chapora : au sommet d'une colline, forteresse du XVIIIe siècle offrant un magnifique point de vue.
** Vagator : petites plages de sable blanc à l'écart de la foule.

Page ci-contre : *bordée de palmeraies, l'anse de Calangute abrite aujourd'hui une importante station balnéaire.*

Fort Aguada ★★★

Au début du XVIIe siècle, les Portugais édifièrent une puissante forteresse sur le cap septentrional de la **Mandovi** pour en contrôler l'estuaire. En 1612, un canal creusé entre le promontoire et le continent renforça cet avant-poste : durant toute l'époque coloniale, l'île de Fort Aguada se montra inexpugnable à la fois de la mer et de la terre. Ses soixante-dix-neuf canons décourageaient toute tentative d'approche et régissaient l'accès par la rivière.

Les imposants murs et bastions de latérite, dont certains tronçons tombent aujourd'hui en ruine, surplombent, au-delà de la **Nerul**, un petit port de pêche ; devant le site, une jetée fortifiée s'élançant vers le large sépare la plage de son prolongement vers le nord. On accède à la forteresse par un pont enjambant le fossé désormais à sec. La première enceinte renferme, dissimulés derrière un rideau de palmiers et de verdure, certains des complexes touristiques les plus luxueux de Goa.

La citadelle est dominée par la silhouette blanche et massive de son **phare**, haut de 13 m, qui fut construit en 1864. Tout en haut du promontoire, la ravissante petite église **Saint-Laurent**, dédiée au saint patron des marins, date de 1630.

Fort Aguada n'accueille cependant pas que des touristes : l'un de ses bâtiments abrite en effet une **prison**, vocation partagée par la **forteresse de Reis Magos**, à quelque 9 km à l'est d'Aguada en remontant la Mandovi. À l'ombre de ses sinistres murailles s'élève l'**église des Reis Magos** (église des Rois-Mages), bâtie en 1555 et restaurée au XVIIIe siècle. Des lions de pierre – qui furent probablement pris à un temple hindou – gardent l'escalier qui mène à la porte surmontée des armoiries royales du Portugal.

DE FORT AGUADA À LA CHAPORA

En direction du nord, à partir de Fort Aguada, la

SUR LA PLAGE

Nombre de touristes indiens se précipitent sur les plages de Goa dans l'espoir d'entrevoir un peu de chair occidentale dénudée. Il n'est pas rare de voir l'un d'eux tenter de persuader une jeune fille en monokini de poser avec lui pour une photo souvenir. Bien que beaucoup de jeunes visiteurs se contentent du strict minimum vestimentaire, sachez que le nudisme est puni par la loi et fortement réprouvé par les habitants. La pudeur caractérise le mode de vie des Indiens de toutes castes et religions.

plage de **Sinquerim** dessine un long ruban de sable ininterrompu jusqu'au promontoire rocheux limitant la plage de **Baga**. Les **villages de Candolim**, **Calangute** et **Baga** ponctuant cette partie du littoral sont autant de stations balnéaires très prisées. Bien que leur principal atout touristique reste le bord de mer, plusieurs jolies églises des XVIIᵉ et XVIIIᵉ siècles leur confèrent un intérêt culturel et historique non négligeable. Si, au-delà de Baga, la côte échappe encore au développement à outrance, elle n'a plus rien à voir avec le paradis ter-restre qui, dans les années 1960, attira les premiers hip-pies. Leurs successeurs fuient désormais ces quelques concessions au tourisme en investissant l'extrême nord ou l'extrême sud de l'État.

Ci-dessous : *à Fort Aguada, l'un des complexes touristiques les plus onéreux du nord de Goa, les bastions s'avancent jusque dans la mer.*

En guise de sites, le nord de Goa n'a prati-quement que ses plages à offrir, aux-quelles succèdent, à perte de vue, rizières et cocoteraies. Les activités principales se résument donc à la baignade et au bron-zage. La pratique des sports nautiques reste limitée en raison du coût prohibitif du matériel à importer. Détente et farniente sont ici les maîtres mots. La plupart des visiteurs viennent dans ce but et cette région répond à mer-veille à leurs attentes – que ce soit dans les hôtels de luxe et autres complexes du sud ou dans les pen-

sions bon marché du nord. Une foule de petits métiers se sont développés pour faire de ce rêve une réalité, des vendeurs ambulants proposant fruits et jus frais jusqu'aux masseurs offrant de soulager tensions et douleurs. Théâtre d'un spectacle à jamais renouvelé de colporteurs de boissons, bijoux, tissus, voire de marijuana, la plage constitue un univers commercial en soi.

Candolim (Kandoli) **

Premier lieu de villégiature créé au nord d'Aguada, Candolim – à ne pas confondre avec Cansaulim, au sud de Goa – se situe en retrait du bord de mer. Cet ancien village de pêcheurs dominé par l'imposante silhouette de **Notre-Dame-de-l'Espérance**, une église du XVIIe siècle flanquée de tours plus récentes, abrite aujourd'hui une myriade d'hôtels et de restaurants.

Calangute (Kalangut) *

Ce village se situe à l'intérieur des terres de Calangute, à environ 1 km au nord de Candolim, au

---

LES SPORTS NAUTIQUES

Les plages de Goa ne sont pas un paradis de sports nautiques : l'équipement motorisé se révèle très onéreux. La plupart des complexes hôteliers proposent néanmoins la pratique du **ski nautique** et du **scooter des mers**. À Calangute, on peut faire de la **plongée sous-marine** avec bouteille ou tuba. Durant la mousson, aucune de ces activités n'est disponible.

croisement de la route principale nord-sud et de la route côtière. En bord de mer s'étend sa station balnéaire – la plus développée et la plus populaire du nord de Goa malgré une plage en pente raide. Elle propose un vaste choix de sports nautiques et draine un grand nombre de colporteurs, dont certains se montrent parfois désagréablement insistants. Un complexe plus récent, doté d'hôtels et de bars, s'est progressivement intégré aux établissements plus anciens. Comme Candolim, Calangute s'organise autour d'une imposante église portugaise dédiée à saint Alexandre, en face de laquelle se trouve une convaincante grotte artificielle.

Saligao *

À 2 km de Calangute, le village de Saligao est en passe de devenir l'un de ses satellites touristiques, comme en témoignent les quelques constructions qui s'élèvent déjà au-delà de la route. Il est encore temps d'y faire un saut pour découvrir l'**église du Rosaire**, surprenant édifice bâti en 1873 et entièrement peint de blanc. Son style néogothique acéré et anguleux oppose un contraste frappant avec l'architecture baroque et manuéline commune aux églises de Goa.

Ci-dessus : *ce temple en forme de pagode livré aux gaz d'échappement nous rappelle que Goa est un État aussi bien hindou que catholique.*
Ci-contre : *l'église du Rosaire (Notre-Dame-Mère-de-Dieu) de Saligao et sa tour néogothique.*
Page ci-contre : *les tours jumelles de Notre-Dame-de-l'Espérance constituent le principal point de repère de Candolim.*

Baga ★★★

À l'extrême nord de **Sinquerim**, la plage de Baga s'impose comme l'une des plus agréables. Niché au pied d'un promontoire rocheux, le village compte des établissements abordables d'un bon rapport qualité-prix, en majorité destinés aux voyages organisés. Les bateaux de pêche se balançant au large ou hissés sur la grève ajoutent une note traditionnelle. Hôtels et restaurants jalonnent la route côtière, à une centaine de mètres des flots. Baga offre l'avantage d'être à mi-chemin entre l'animation de **Calangute** et la relative tranquillité d'**Anjuna** et de **Vagator**.

Anjuna ★★★

Au-delà du promontoire de Baga, le tourisme à grande échelle laisse place à ce que certains n'hésitent

pas à décrire comme le « véritable » Goa. Le village d'Anjuna, avec son chapelet de pensions bon marché et autres petits restaurants, attire davantage les voyageurs indépendants que les vacanciers classiques. En dépit de l'apparition de quelques hôtels plus onéreux, le site a gardé son atmosphère particulière. Celle-ci est due au mode de vie alternatif qui reste de mise jusqu'à la saison des pluies, époque à laquelle tous ses acteurs repartent vers l'Europe, l'Australie ou les États-Unis, pour revenir en septembre.

Chaque mois, An-
juna se montre
à la hauteur de sa
réputation lors de la
fameuse **fête de
la pleine lune**
(full moon party).
Véritable institution
remontant aux an-
nées 1970, l'événe-
ment rassemble des
centaines de per-
sonnes sur une plage
pour danser jusqu'à
l'aube. Si vous avez

l'intention de les rejoindre, sachez que des policiers
indiens en civil se mêlent à la foule afin d'enrichir leur pal-
marès d'arrestations pour possession de drogue.

L'autre grande curiosité d'Anjuna est son « **marché
aux puces** » **hebdomadaire**, qui se tient chaque mer-
credi. Ce marché vaut le détour non tant pour les articles
que l'on y trouve – ce sont sensiblement les mêmes que
dans les boutiques de village ou l'escarcelle des colporteurs – que pour son ambiance haute en couleur. C'est
l'occasion idéale pour effectuer tous vos achats en une
matinée. Vêtements colorés et bijoux en provenance des
quatre coins de l'Inde constituent l'essentiel des étals et,
en raison de la concurrence acharnée à laquelle sont
confrontés les vendeurs, le marchandage y est plus facile
que sur la plage.

Vagator **

Au nord d'Anjuna, un sentier gravit la colline pour donner accès aux belles plages de Vagator : deux anses de
sable fin séparées par des récifs sombres sculptés par les
eaux. Plusieurs petits bars aux allures de huttes jalonnent le bord de mer. Le soir, ils s'animent jusque tard
dans la nuit, le plus souvent au son d'un simple magné-
tophone. Ici séjourne une clientèle jeune au budget souvent limité, qui n'hésite pas à camper sur la plage.

Ci-dessus : *étoffes aux
couleurs chatoyantes et bijoux
sur le marché aux puces
hebdomadaire d'Anjuna : un
régal pour les yeux !*
Page ci-contre : *Anjuna,
dont les plages de sable fin
sont délimitées par des
avancées rocheuses, ouvre la
voie au « vrai » Goa.*

LES DROGUES

Depuis les années 1960, Goa est
un haut lieu de commerce et de
consommation de drogues
douces comme le **cannabis** et le
haschisch. Avec l'arrivée du
tourisme, les autorités locales ont
renforcé la répression contre les
consommateurs. Les dealers qui
proposent leur marchandise sur
la plage, dans la rue ou dans les
hôtels bon marché sont souvent
des indicateurs. La possession de
drogue, ne serait-ce qu'en petite
quantité, est punie par de
lourdes peines de prison.

Ci-dessus : du sommet d'une colline, les fortifications en ruine du fort de Chapora surplombent l'une des plus belles plages de Goa.
Page ci-contre : *vendeur d'oignons entouré de ses produits au marché animé de Mapusa, qui se tient chaque vendredi.*

Chapora **

Sur le sommet d'une colline aride parsemée de blocs de latérite, le **fort de Chapora** domine les plages de Vagator. Bâti au XVIIIe siècle sur le site de la forteresse de **Shapur** d'Adil Shah, le dernier souverain musulman de Goa, ce fort était l'un des maillons de la chaîne fortifiée déployée par les Portugais pour défendre leurs colonies. Aujourd'hui, il ne reste plus que des remparts hérissés de bastions cernant une étendue d'herbes folles. Cependant, n'hésitez surtout pas à y grimper : la vue sur la côte s'étirant vers Fort Aguada d'un côté et l'estuaire de la **Chapora** de l'autre est tout simplement magnifique.

À l'est du fort, le **village de Chapora** se dissimule parmi les cocotiers, au pied du promontoire. Bien qu'élu par une population touristique jeune et semi-permanente, le village a conservé ses activités et son mode de vie traditionnels, comme en témoigne la flottille de bateaux de pêche ancrée dans son port naturel.

MAPUSA ET AU-DELÀ DE LA CHAPORA

De l'autre côté de la Chapora, dans la province de **Pernem**, hôtels, restaurants et autres infrastructures s'évanouissent pour laisser place à un long ruban de sable intact. C'est son inaccessibilité qui protège cette partie de la côte contre les promoteurs. Pour s'y rendre, il faut en effet effectuer un long détour par l'intérieur des terres afin de rejoindre le premier pont situé à **Colvale**, ou prendre un bac entre Siolim, à 5 km de Chapora, et **Chordem**, sur la rive nord.

Mapusa *

À une vingtaine de kilomètres en s'éloignant de la côte à partir de Chapora, Mapusa, principale agglomération de la province de **Bardez**, constitue le point de départ des transports vers la région de Vagator et le nord de l'État.

LES HIPPIES DE GOA

Les premiers hippies de Goa ne faisaient pas semblant. C'est en bus, en train ou en camionnette qu'ils traversaient l'Europe, la Turquie, l'Iran, l'Afghanistan et le Pakistan pour finalement poser leur sac à l'ombre des cocotiers. Aujourd'hui, leurs successeurs pourraient être leurs enfants, et beaucoup le sont probablement. La plupart, cependant, sont arrivés ici par vol direct et parcourent l'État avec billet de retour et carte Visa en poche.

Le marché hebdomadaire de Mapusa ★

Chaque vendredi, Mapusa accueille l'un des plus grands marchés de produits frais de Goa. Vendeurs et acheteurs en provenance du nord et du centre de l'État forment une mosaïque bien différente de celle d'Anjuna. Ustensiles ménagers, fruits, légumes, poissons, herbes et épices foisonnent dans un festival de couleurs et de senteurs. À visiter tôt le matin, afin de goûter toute l'animation de ce marché exotique.

Notre-Dame-des-Miracles ★

Consacrée en 1594, cette église exhibe une façade de style baroque que de multiples restaurations, dont la dernière remonte à 1962, ont malheureusement enlaidie. Elle se dresse sur le site d'un ancien temple hindou. Mapusa est le théâtre du festival annuel et dominical de Notre-Dame-des-Miracles, qui, seize semaines après Pâques, rassemble à la fois catholiques et hindous. Sont fêtées ce jour-là la **Vierge Marie** d'une part et la déesse vierge **Lairaya** d'autre part.

Pernem ★★

Situé au nord de Mapusa en suivant la grande route, Pernem est le chef-lieu de la province du même nom, la plus septentrionale de Goa. La rivière Tiracol marque la frontière avec le Maharashtra. L'agglomération compte plusieurs beaux temples hindous.

Temple de Shri Baghavati ★★

Impossible de manquer ce temple dédié à l'une des personnifications destructrices de Parvati, l'épouse de Shiva : dressé sur la place principale dont il constitue un des côtés, il est placé sous la garde d'éléphants en pierre grandeur nature. À l'intérieur, Baghavati est représentée par une imposante statue en basalte noir.

ASTUCES POUR MARCHANDER

Sur des marchés comme ceux de **Mapusa** ou d'**Anjuna**, un marchandage ferme est de règle.
Il est toujours préférable de proposer un prix d'ensemble pour plusieurs articles plutôt que de les négocier un par un. Au marché aux puces, ciblez une baisse de 30 à 60 %, mais à Mapusa, ne vous attendez pas à plus de 10 % de réduction.

Le temple de Mauli *

À environ 1 km de Pernem, dans un cadre rehaussé par la petite cascade de Sarmal, ce modeste temple abrite une statue en pierre noire de la déesse Mauli.

La maison Deshprabhu **

Cette demeure hindoue labyrinthique du XIXe siècle reste la plus somptueuse des maisons de maître goanaises. Avec ses seize cours intérieures, elle témoigne de la puissance de la famille **Deshprabhu** qui, à l'époque de la domination portugaise, comptait parmi les plus nobles de la région. Toutes les cours ne sont pas accessibles aux visiteurs. La première recèle un temple familial et un petit musée, qui reflète bien le faste quotidien des grands propriétaires terriens hindous. Les pièces maîtresses sont notamment les palanquins en argent massif, dans lesquels prenaient place les enfants pour se rendre au temple les jours de fête. Ouvert de 10 h à 17 h, sauf le vendredi et les jours fériés.

Ci-dessous : *une pirogue rapporte le fruit de sa pêche sur la plage d'Arambol. Ces fragiles embarcations sont encore très utilisées à Goa.*

Arambol **

S'étirant sur 12 km, la belle étendue de sable fin qui débute à l'estuaire de la Chapora aboutit au site typiquement goanais d'Arambol, refuge des voyageurs au long cours. Situé en retrait du bord de mer, le petit vil-

lage de pêcheurs n'offre que des conditions de séjour rudimentaires. Et tant qu'Arambol se trouvera hors de portée des bulldozers, il en restera vraisemblablement ainsi.

Ci-dessus : *érigé par les Portugais, le minuscule fort de Tiracol, à la frontière septentrionale de Goa, est aujourd'hui un confortable hôtel.*

Tiracol **

Dernier bastion du nord de Goa, le petit **fort** de Tiracol monte la garde sur une colline dominant la rivière. Bâti au XVIIIe siècle par les Portugais sur le site d'une forteresse prise au radjah local, il renferme une modeste chapelle dédiée à **saint Antoine** et un hôtel géré par le gouvernement.

Alorna *

À quelque 16 km à l'est de la route principale, sur un affluent méridional de la Chapora, cette petite **place forte** est l'un des rares postes portugais édifiés à l'intérieur des terres. Celui-ci était destiné à défendre la rivière contre les attaques **maratha** du nord. Mis à part les remparts en ruine, il y a peu de chose à voir.

BICHOLIM ET LES ENVIRONS

La province de Bicholim se situe au nord de la Mandovi, à l'est de la rivière Mapusa et au sud de la frontière avec l'État du Maharashtra.

LES MARCHÉS

Les marchés des grandes villes sont idéaux pour dénicher **souvenirs** et cadeaux originaux. Dans la cuisine, les épices aromatiques trouveront leur place parmi vos condiments, tandis que les boîtes à déjeuner (« tiffin tins ») en acier inoxydable et à la fermeture hermétique viendront égayer vos étagères. Et pourquoi ne pas acheter une de ces mallettes en métal peintes de couleurs vives pour transporter tous vos achats ?

Ci-dessous : *la chapelle du*
fort de Tiracol recevait les
villageois et la garnison
pour la messe.

Bicholim (Dicholi) *
Bicholim, modeste centre urbain, est entouré de plusieurs
temples hindous. Ceux-ci étant dispersés aux alentours et
mal signalés, nous vous conseillons de louer une voiture
avec un chauffeur connaissant bien les lieux.

Temple de Shri Datta Mandir *
Ce temple du XIXe siècle dressé sur les rives de la Mandovi
offre une architecture inhabituelle : il est surmonté d'une
flèche bleue s'élançant sur plusieurs niveaux, alors que la
plupart des temples goanais sont couronnés d'un dôme.

Temple de Vital Mandir **
Le dieu local Vital daterait de l'époque dravidienne. Située
dans ce petit temple, sa statue de latérite noire, parée de
riches étoffes, est flanquée des représentations de Lakshmi,
l'épouse de Vishnu, et de Sarasvati, celle de Brahma.

Temples rupestres de Lamgao *
Lieux sacrés pour les hindous, ces deux grottes, à la sortie
du village de Bicholim, ne sont accessibles qu'à pied. La
plus petite abrite un lingam phallique et une sculpture en
pierre du taureau Nandi, la monture
de Shiva. Selon toute vraisemblance,
ces grottes auraient été creusées par
des moines et des fidèles bouddhistes.

Grottes et chutes d'eau d'Arvalem **
Ces premiers temples rupestres
de Goa se dressent sur une série de
promontoires rocheux au sud-est de
Sanquelim. Excavés entre le IIIe et
le VIe siècle, chacun d'entre eux
contient un lingam, symbole du culte
de Shiva. Ils sont certainement
l'œuvre de bouddhistes locaux, au
même titre que ceux de Lamgao,
comme le laisse penser la découverte
de plusieurs statues bouddhiques
dans les environs.

Le nord de Goa en un coup d'œil

QUAND PARTIR ?

Voir p. 54.

COMMENT S'Y RENDRE ?

**Complexes touristiques de
Fort Aguada et Sinquerim :** en
bus (1 à 2 h), départs de Panaji et
Mapusa toutes les heures.
Chapora, Vagator et Anjuna :
bus (1 h 30) de Panaji à Mapusa.
Changer de bus à Mapusa ou
prendre un rickshaw à la gare
routière.
Mapusa : bus (1 h 30) à partir de
Panaji.
Pernem : bus à partir de Mapusa.
Pour rejoindre Arambol et la côte
de la province de Pernem,
prendre un rickshaw à partir de la
ville de Pernem. Quelques bus.
Bicholim et environs : au départ
de Mapusa, un bus toutes les 3 h.
Par le train : Konkan Railway
fonctionne tous les jours entre
Thivim et Mapusa, entre Karmali
et Panaji, entre Vasco et
l'aéroport de Dabolim entre
Margao et le nord, vers Bombay.

MOYENS DE TRANSPORT

Pour visiter le marché d'Anjuna,
embarquer sur l'un des **bateaux
de pêche** qui le rejoignent depuis
Baga ou Calangute. **Taxis** et
voitures avec chauffeur sont
disponibles auprès des hôtels ou
des complexes. Les **rickshaws** se
regroupent aux gares routières de
Mapusa et Bicholim.

HÉBERGEMENT

Cette partie du littoral offre le
plus vaste choix d'hébergements
de Goa. Au nord de la Chapora,
dans la province de Pernem,

vous ne trouverez que des huttes
rudimentaires ou un lit chez
l'habitant. De manière générale,
c'est en se rendant sur place et
en demandant à la ronde que
l'on trouve une chambre.

LUXE

Fort Aguada Beach Resort,
Sinquerim, tél. (0832) 276201,
fax 276044. À l'abri des murs de
l'ancienne forteresse, le must des
hôtels de luxe.
Taj Holiday Village, Sinquerim,
tél. (0832) 276201, fax 276045.
Aussi luxueux que le précédent,
qui fait également partie du
groupe Taj.

PRIX MODÉRÉS

Hotel Baia do Sol, Baga Beach,
Calangute, tél. (0832) 276084,
fax 731415. Sympathique petit
hôtel sur la plage de Baga.
Aldeia Santa Rita, Candolim,
tél. (0832) 276868, fax 276684.
Agréable village de vacances à
200 m de la plage de Baga.
Chambres par blocs de 4 dans
une vieille demeure de style
portugais. Petite piscine.
Hotel Tiracol Fort Heritage,
Querim, Pernem, tél. (0248)
220705, fax (0834) 283326.
Superbe hôtel de caractère dans
l'ancien fort portugais.

ÉCONOMIQUE

Hill Rock Guest House,
128 Tiracol, Pernem, tél. (0832)
268264. Sobre, 7 chambres.
Tamrind Lodge, Kumarvaddo,
Anjuna, tél. (0832) 274309.
Un peu cher mais bon rapport
qualité-prix.

RESTAURANTS ET CAFÉS

Sinquerim

Il existe une telle quantité de
restaurants de plage changeant
de main d'une saison à l'autre,
qu'il serait vain de vouloir en
dresser la liste. D'une manière
générale, ils offrent tous une
ambiance détendue et un bon
rapport qualité-prix. À vous de
les découvrir.

Anjuna

Vaste choix de restaurants et
d'échoppes.

Chapora

Sa rue principale est bordée de
petits restaurants en plein air et
d'échoppes.

Mapusa

Il vaut mieux attendre d'être
arrivé sur son lieu d'hébergement
pour se restaurer.

Plages de la province de
Pernem : à mesure que l'on
progresse vers le nord, les
établissements deviennent de
plus en plus rudimentaires.

VISITES ET EXCURSIONS

Aucun programme de circuits
et d'excursions n'est
actuellement disponible pour
cette région. Se reporter aux
informations p. 55.

ADRESSES UTILES

Directorate of Tourism, Tourist
Shopping Complex, Mapusa,
tél. (0832) 262390.
Informations touristiques pour
le nord et tout l'État de Goa.

5
L'est de Goa

Le Ponda, le Sanguem et le Satari, provinces du centre et de l'est de Goa, sont souvent négligées par les visiteurs au profit des plages et des sites du littoral. Pourtant, loin des hôtels de luxe et des églises portugaises, elles dévoilent une autre facette du territoire goanais. Intégrées à l'empire colonial bien après les régions côtières, ces provinces revendiquent davantage leur appartenance à l'Inde. Ici, point de sable ni de cocotiers, mais un paysage remarquable, dominé par les pentes boisées de la chaîne des **Ghâts occidentaux**.

Le **Ponda** présente des attraits principalement historiques et architecturaux : la plus hindoue des provinces de Goa est jalonnée d'une multitude de temples. Néanmoins, la **réserve naturelle de Bondla**, à l'est du village de Ponda, permet de se rapprocher un peu de la nature. Bordé par le Tiswadi au nord-ouest, le Ponda est séparé du Bicholim par la **Mandovi**, tandis que le **cours supérieur de la Zuari** marque, à l'ouest, la frontière avec le Marmagao et le Salcete. La meilleure approche de la région consiste à louer une voiture avec chauffeur à partir de votre lieu de vacances, à moins que vous ne préfériez participer à l'un des nombreux circuits organisés autour de la visite des temples, avec ou sans étape à Bondla.

Le **Sanguem**, qui s'étire de la province de Satari, au nord, jusqu'à celle de Canacona, au sud, partage ses frontières occidentales avec, successivement, le Ponda, le Salcete et le Quepem. À l'est, les Ghâts occidentaux le séparent du Karnataka. Le Sanguem se prête merveilleusement à une découverte en train : la principale ligne ferroviaire goanaise, qui part de Vasco Da Gama, traverse toute la province

À NE PAS MANQUER

*** Ponda : kyrielle de temples colorés disséminés à travers une région pittoresque.
*** Temple de Tambdi Surla : ancien temple hindou serti dans un écrin de collines boisées.
** Réserve naturelle de Bhagwan Mahavir : paradis ornithologique et vaste réserve animale.
** Chutes de Dudhsagar : à la découverte de paysages spectaculaires en train.

Page ci-contre : *le temple de Shri Shantadurga, qui remonte à près de quatre siècles, accuse une influence portugaise.*

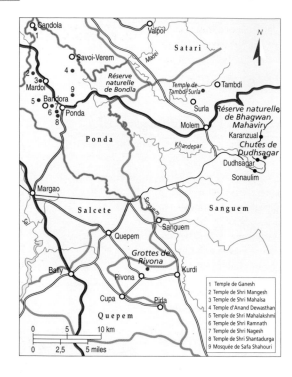

1 Temple de Ganesh
2 Temple de Shri Mangesh
3 Temple de Shri Mahalsa
4 Temple d'Anand Dewasthan
5 Temple de Shri Mahalakshmi
6 Temple de Shri Ramnath
7 Temple de Shri Nagesh
8 Temple de Shri Shantadurga
9 Mosquée de Safa Shahouri

avant de monter à l'assaut des Ghâts, pour finalement déboucher sur le haut plateau du Karnataka.

Le Sanguem est surtout intéressant pour ses sites naturels, aisément accessibles en chemin de fer. Les **chutes de Dudhsagar** figurent parmi les plus hautes de l'Inde ; non loin du village de **Molem** s'étend le deuxième parc naturel de l'État, tandis qu'à **Tambdi Surla** subsiste l'un de ses plus anciens temples hindous.

Entre les provinces goanaises de Bicholim, à l'ouest, et de Sanguem, au sud, le **Satari** est encadré par le Maharashtra au nord et le Karnataka à l'est. Sa visite s'adresse en priorité à ceux qui ont envie de sortir des sentiers battus. Pour atteindre **Valpoi**, sa ville principale, prévoyez plusieurs changements de bus ou votre propre mode de transport.

PONDA

Au cours des deux premiers siècles de la domination portugaise, temples et mosquées goanais furent systématiquement détruits. Lorsque le Ponda fut sous la domination des colons, en 1764, ceux-ci, devenus plus tolérants, épargnèrent les lieux de culte de la région. Cependant, la majorité d'entre eux subirent tant de transformations et de rénovations que, bien souvent, il ne reste rien de l'édifice originel. Les sanctuaires se situent, pour la plupart, dans un rayon de 8 km autour du village de Ponda.

Se distinguant des **temples hindous** du reste du pays par leur tour-lanterne, les temples de Goa sont tous plus ou

Page ci-contre : *sous l'œil des fidèles, des vaches sacrées déambulent en toute quiétude dans le temple de Shri Shantadurga.*

moins semblables et beaucoup de touristes estiment qu'en visiter un suffit amplement. Les multiples restaurations, transformations et remises à neuf ont effacé toutes traces d'un passé pourtant ancien. On est loin, ici, de l'émotion suscitée par les vastes cathédrales portugaises, dont les murs décrépis évoquent une splendeur à jamais disparue.

Le temple de Shri Nagesh **
À 1 km du village de **Farmagudi,** sur la grande route, ce temple se distingue par ses couleurs particulièrement chatoyantes. Une ronde de divinités et de démons sont fraîchement peints sur la base de sa tour trapue. La présence d'un bloc de pierre noire dans le mur permet de dater sa fondation du XVe siècle au moins. L'entrée du temple est placée sous la garde d'un taureau Nandi, la monture de Shiva, dont Nagesh est l'un des avatars. Le sanctuaire renferme d'ailleurs plusieurs lingams et mukhalingams.

Le temple de Shri Shantadurga ***
Ce temple est élevé près de **Kavalem**, à la sortie du village de Ponda ; vieux de quatre siècles, il célèbre Shri Shantadurga, une incarnation de Parvati. L'édifice que nous voyons actuellement illustre bien l'influence portugaise qui, à cette époque, commença à marquer la physionomie des sanctuaires locaux. Les jours de fête, ce temple, le plus important de la région, draine une foule de pèlerins. Deux tours surplombent une immense cour dallée. Les portes chargées de lourdes décorations d'argent s'ouvrent sur une statue en marbre de Shantadurga, flanquée de représentations de Shiva et Vishnu.

CONDUIRE EN INDE

Les grandes sociétés de location internationales proposent des véhicules avec ou sans chauffeur. La circulation sur les routes, souvent mal entretenues, est pour le moins déroutante : entre les camions crachant leur diesel, bus, Jeeps, taxis et deux-roues se faufilent, dans un concert de klaxons. Parmi les obstacles typiques figurent les vaches sacrées : outre le fait qu'elles provoquent moult embouteillages, malheur au conducteur qui entre en collision avec l'une d'elles ! La signalisation est loin d'être systématique, ce qui rend l'orientation difficile. Nous vous conseillons d'engager un conducteur connaissant bien la région, d'autant plus que cette prestation est très peu onéreuse.

Ci-dessus : *le temple de Shri Mangesh, le plus célèbre de Goa, est généralement le seul à figurer sur les programmes des visites organisées.*

Le temple de Shri Ramnath ★★★

À 100 m à peine du temple de Shri Shantadurga, le temple **shivaïte** de Shri Ramnath abrite une salle d'une grande richesse ornementale : l'un des murs est couvert d'argent ciselé, tandis que frises et reliefs élaborés habillent l'arc et les colonnes de l'entrée.

Le temple de Shri Mahalakshmi ★

Ce temple s'élève à **Bandora**, à environ 5 km de Ponda. Construit au XVᵉ siècle, il recèle une effigie de la déesse de la Richesse, sauvée in extremis de la destruction par les Portugais en 1565. Le dieu-éléphant Ganesh est représenté sur les battants de la porte, tandis que l'oiseau Garuda et le dieu-singe Hanuman apparaissent sur les fresques de l'entrée.

Le temple de Shri Mahalsa ★★

Situé à proximité de **Mardol**, sur la route principale reliant Ponda à Old Goa, cet édifice datant du XVIIᵉ siècle se distingue notamment par ses piliers de bois délicatement sculptés. À l'extérieur, dominée par une tour blanche et rose en forme de pagode, une colonne en cuivre de vingt et un niveaux porte une minuscule statue de Garuda, la monture de Vishnu. Le temple célèbre Mahalsa, une incarnation de la déesse Lakshmi.

Le temple de Shri Mangesh ★★★

Priol, à 8 km de Ponda, accueille le temple hindou le plus impressionnant de Goa. Si, par goût ou nécessité, vous devez n'en voir qu'un, choisissez celui-là. Une tour-lanterne octogonale de style pagode, aussi imposante en hauteur qu'en largeur, surplombe un élégant bâtiment principal, restauré avec soin dans les tons jaune, blanc et ocre brun typiquement goanais. Niché dans la verdure luxuriante des palmeraies, le temple est construit autour d'un immense bassin. Mangesh représente l'un des aspects bénéfiques de Shiva. Le sanctuaire remonte aux XVIIᵉ-XVIIIᵉ siècles.

Le temple de Ganesh ★

Situé à **Candola**, à quelque 24 km de Ponda sur les rives de la Mandovi, ce modeste temple rend hommage au dieu-éléphant de la Prospérité et de la Sagesse. La plus ancienne de ses statues provient d'Ela, l'ancienne ville hindoue dont Ganesh était la divinité protectrice, et qui fut mise à sac par les musulmans de Bijapur. C'est sur l'emplacement de cette cité que les Portugais édifièrent Old Goa.

Ci-dessous : *de taille modeste mais d'un grand intérêt, le temple de Shri Nagesh, près de Ponda, date du XVIIIᵉ siècle. Des divinités aux couleurs chatoyantes ornent sa tour-lanterne.*

LES LINGAM

Le linga (lingam au pluriel), symbole phallique en pierre évoquant la fertilité, illustre l'aspect reproducteur du dieu hindou Shiva. Le mukhalinga, l'une de ses variantes, se caractérise par un visage stylisé sculpté à son sommet.

Le temple d'Anand Dewasthan *

Bien qu'il figure au programme de nombreux circuits touristiques, le temple d'Anand Dewasthan, près de **Savoi-Verem**, ne possède ni la tour-lanterne, ni le dôme caractéristiques des sanctuaires goanais. Son intérêt réside plutôt dans sa situation, en pleine campagne, non loin du cours supérieur de la Mandovi.

La mosquée de Safa Shahouri (Masjid) ***

Juste à la sortie de Ponda se dresse la mosquée qu'**Ali Adil Shah**, sultan de Bijapur, fit bâtir en 1560. Partiellement détruite par les Portugais, c'est l'un des deux seuls lieux de culte musulmans de cette période à avoir survécu. En comparaison des temples hindous colorés, l'édifice paraît d'une grande sobriété. L'intérieur comme l'extérieur sont percés d'arcades en ogive de style bijapuri. Les vestiges de piliers octogonaux qui l'entourent soutenaient jadis un toit recouvrant toute la plate-forme de pierre cernant la *masjid*. De l'entrée, un escalier de pierre conduit au bassin situé au sud.

Ci-dessous : *la Safa Shahouri Masjid, l'une des rares mosquées de Goa à avoir survécu à la conquête portugaise.*

La réserve naturelle de Bondla **

La plus petite et la plus accessible des réserves naturelles de Goa se trouve à 20 km à l'est du village de Ponda. Aventuriers s'abstenir : sa visite ne s'apparente ni à un safari, ni à un trekking dans la forêt vierge : les animaux – **léopards**, **sambars**, **gaurs** – résident dans une série d'enclos, cernés par une magnifique propriété. En vous y promenant, vous apercevrez sans doute l'un des **macaques** sauvages qui, fuyant les zones peuplées,

se sont réfugiés ici. Le parc comprend un modeste restaurant et une demi-douzaine de bungalows permettant d'y passer la nuit et de mieux découvrir la région. L'étape de Bondla figure au programme de nombreux circuits organisés, dont ceux de la Goa Tourist Development Corporation.

Ci-dessus : *c'est en toute liberté que les paons circulent dans la réserve naturelle de Bondla.*

SANGUEM ET LES ENVIRONS

Inutile de s'attarder dans la petite ville de Sanguem, qui n'offre aucun intérêt particulier. Rendez-vous directement à l'un des trois grands sites de la province.

Le temple de Tambdi Surla (ou de Shri Mahadeva) ★★★
À 8 km de **Molem** et à 3 km de **Surla**, Tambdi Surla se situe à l'écart de toute agglomération. La découverte de ce temple noyé dans la verdure, se détachant sur la luxuriante toile de fond des **Ghâts occidentaux**, constitue un moment particulièrement marquant. Situé en bord de rivière, cet unique vestige de l'ère kadamba occupe une clairière entourée de différentes essences tropicales. Édifié entre le XIe et le XIIIe siècle, il affiche sereinement son âge, contrairement aux sanctuaires d'influence portugaise de la région de Ponda.

UNE FAUNE EN DANGER

En Inde, la chasse, le braconnage et la déforestation, alliés à une urbanisation débridée, ont considérablement réduit l'habitat naturel de la faune sauvage. Les grands animaux comme le tigre, l'éléphant, le léopard et le rhinocéros sont aujourd'hui cantonnés dans l'ensemble des réserves naturelles nationales, actuellement au nombre d'une centaine.

Ci-dessus : *les temples hindous de Goa, constamment rénovés et repeints, affichent rarement l'âge de leurs pierres.*

Le temple se compose d'un sanctuaire précédé de deux salles. Construit en hauteur, plusieurs escaliers mènent aux entrées nord, sud et est de la salle principale. Sa façade s'orne simplement de reliefs de rosaces stylisées. Une *shikhara* (flèche) de pierre, aujourd'hui tronquée, couronne l'édifice de sa silhouette massive ; à chacun de ses trois niveaux, elle exhibe de remarquables bas-reliefs de Brahma, Shiva et Parvati. À la latérite tendre et friable que l'on trouve partout à Goa, les maçons kadamba préférèrent le basalte noir, qu'ils jugeaient plus propice à une taille nette, et surtout plus solide. L'importation de ce matériau, probablement du Karnataka, représentait un exploit en soi. Dix piliers nus soutiennent le toit de la salle principale, tandis que quatre colonnes délicatement sculptées s'élancent en son milieu. Des statues occupaient jadis les niches creusées dans les murs du fond.

Les grottes de Rivona *

À 5 km environ de la ville de Sanguem, s'égrènent plusieurs grottes artificielles. Le site abritait, à l'origine, un **monastère bouddhique**. Taillées aux environs du VIIe siècle de notre ère, ce n'est que plus tard que ces excavations devinrent des sanctuaires hindous. Dans l'une de ces grottes profondes et étroites veille, depuis le XVIe siècle, une représentation du dieu-singe **Hanuman**. Sans être un but d'excursion en soi, le site mérite un petit détour de la route qui conduit au magnifique temple de Tambdi Surla.

La réserve naturelle de Bhagwan Mahavir **

Bien plus étendue que celle de Bondla, la réserve de Bhagwan totalise 240 km² de collines boisées s'élevant à

LA VISITE D'UN TEMPLE

Tous les temples hindous de Goa sont encore des lieux de culte. Par respect pour les fidèles, une tenue correcte est de règle (jambes et bras couverts). L'usage veut que l'on ôte ses chaussures avant d'entrer : prévoyez un sac pour les ranger. Dans nombre de sanctuaires figure, bien en évidence, un tronc pour les dons : une petite contribution sera toujours appréciée.

l'est de Molem, dans la partie du territoire qui s'étire vers le Karnataka. Terre de refuge pour la faune, elle abrite notamment des **gaurs**, des **éléphants**, des **léopards**, des **panthères noires** et plusieurs espèces de cervidés. Bien que les gardiens de la réserve aient signalé la présence de **tigres**, ces félins, malheureusement victimes du braconnage, restent très rares.

Recouvert pour l'essentiel d'une forêt dense, le site est encore peu aménagé : les sentiers de randonnée et les pistes pour 4 x 4 sont en nombre limité. Il est prévu d'installer des postes d'observation nocturnes, entourés de pierres à lécher pour attirer les bêtes les plus farouches. La grande majorité des animaux sauvages se cantonnent en effet au sud de la réserve, jusqu'à présent inaccessible aux visiteurs.

Pour ce qui est de l'**observation des oiseaux**, en revanche, Bhagwan reste un paradis. Elle rassemble la quasi-totalité des espèces propres à l'Inde et offre de magnifiques points de vue sur des plaines herbeuses et ondoyantes. Gaurs, mais aussi macaques et autres singes plus communs, peuplent cette partie du parc.

Ci-dessous : *le léopard, une espèce protégée peuplant notamment les forêts de Bhagwan Mahavir, s'offre rarement aux regards.*

Les quelques bungalows situés près de l'entrée principale dépendent de la Goa Tourist Development Corporation. En passant une nuit sur place, vous pourrez participer aux excursions qui se tiennent au lever et au coucher du soleil. Elles vous donneront l'occasion d'observer des gaurs, des cerfs et, avec un peu de chance, des éléphants.

Ci-dessus : *le voyage pour les chutes de Dudhsagar offre de superbes vues sur les Ghâts occidentaux, abrupts et boisés.*
Ci-dessous : *la ligne pour Karnataka passe devant les chutes de Dudhsagar, les plus hautes de l'Inde.*

Les chutes de Dudhsagar **

Pour traverser l'État à moindres frais, rien ne vaut un voyage en train de Vasco Da Gama ou Margao jusqu'aux chutes de Dudhsagar. Quittant Vasco au point du jour, le convoi chemine à travers la campagne des provinces côtières de Salcete et Marmagao pour arriver, une heure plus tard, en gare de **Margao**. Principale ville du sud de Goa, cette dernière est aussi la gare des vacanciers qui séjournent sur cette partie de la côte. À mesure que l'on progresse vers l'est, le paysage change et les premières pentes se profilent. Une seconde locomotive vient alors s'accrocher aux derniers wagons pour les aider à franchir le tronçon le plus raide de la voie, jusqu'à la gare de **Castle Rock**.

Grimpant à l'assaut des collines, le train offre de superbes vues sur les plaines goanaises d'un côté et la silhouette des Ghâts occidentaux de l'autre. Aux abords de Dudhsagar, le train s'immobilise un instant en bas des chutes avant de s'arrêter tout à fait un peu plus loin, à 241 m d'altitude. L'immense cascade dévale sur 600 m d'à-pic pour se déverser dans des bassins naturels en formant un nuage d'écume.

C'est en septembre, à la fin de la mousson, que ces cascades alimentées par la **rivière Candepar** sont les plus spectaculaires.

Un sentier mène de la voie ferrée au bassin inférieur, où la baignade est autorisée. Si la descente est relativement facile, les 150 m de remontée sont pénibles.

Vous ne trouverez aucune buvette à l'arrivée du train ou aux chutes : prévoyez en-cas et boissons fraîches avant de partir.

L'est de Goa en un coup d'œil

QUAND PARTIR ?

Comme partout à Goa, la meilleure époque pour visiter la région s'étend de **mi-septembre** à **mi-février**, lorsque les températures atteignent en moyenne 27 °C en journée.

COMMENT S'Y RENDRE ?

À destination de **Ponda**, plusieurs **bus** partent quotidiennement de Panaji (1 h 30) et de Margao (1 h). Pour rejoindre **Sanguem**, il existe des liaisons quotidiennes en bus au départ de Margao (1 h 30).

Un **train** dessert plusieurs fois par jour les **chutes de Dudhsagar** au départ de Vasco Da Gama (3 h) et de Margao (2 h). Il vous conduira aux pieds du site. Si vous séjournez dans l'une des stations balnéaires du sud, vous pouvez prendre le train à Candolim ou Dabolim. Pour vous rendre à la **réserve naturelle de Bhagwan Mahavir**, prenez le train à Dudhsagar jusqu'à la gare de Colem, à 3 km de Molem, d'où vous pouvez louer un **rickshaw** ou un **taxi** pour aller jusqu'à l'entrée du parc.

MOYENS DE TRANSPORT

La meilleure manière d'explorer le Ponda et le Sanguem reste de louer une **voiture** avec chauffeur à partir de Panaji ou de votre lieu de séjour sur la côte, ou bien de participer à l'un des circuits organisés (*voir* Visites et excursions). **Bus**, **trains** et même **taxis** locaux (toit jaune) sont rares dans ces provinces.

HÉBERGEMENT

Dans la région, les seuls lieux de séjour possibles sont les **réserves naturelles de Bondla** et de **Bhagwan Mahavir**. La Goa Tourist Development Corporation y gère des bungalows simples mais confortables. Les places étant limitées, il est indispensable de réserver très à l'avance, voire avant d'arriver en Inde : **Goa Tourist Development Corporation**, Tourist Home, Patto, Panaji, tél. (0832) 226515, fax 223926.

RESTAURANTS ET CAFÉS

Cette région, la moins touristique de Goa, ne comporte aucun restaurant spécifiquement destiné aux Occidentaux. Les établissements servent une nourriture simple et l'anglais est peu parlé. Lors des circuits organisés, un déjeuner léger et des rafraîchissements sont généralement prévus (vérifiez tout de même). Si vous voyagez en train, vous pouvez soit acheter de quoi manger et boire aux **vendeurs** ambulants qui, à chaque arrêt, assaillent les wagons, soit emporter un **panier-repas** (préparé par votre hôtel ou l'un des restaurants de votre lieu de séjour). Les boîtes en métal appelées « tiffin tins », que l'on trouve dans tous les magasins et marchés, sont idéales pour transporter votre déjeuner. Des **restaurants** dépendant du GTDC sont installés dans les réserves naturelles, mais ils n'offrent qu'un choix très limité de plats.

VISITES ET EXCURSIONS

Des excursions d'une journée sont organisées au départ de Panaji et des stations balnéaires. Renseignements et réservations à la **Goa Tourist Development Corporation**, ou GTDC. *Voir* plus haut.

ADRESSES UTILES

En dehors de Panaji, il n'existe aucun Office du tourisme ou bureau d'information. Reportez-vous aux adresses citées p. 55 (Panaji et le centre de Goa en un coup d'œil).

L'EST DE GOA	J	F	M	A	M	J	J	A	S	O	N	D
Temp. moyennes (°C)	25	26	27	29	30	28	26	26	26	27	27	27
Heures de soleil/j.	10	12	12	10	10	1	1	4	5	6	10	10
Jours de pluie	1	0	1	8	9	30	30	30	20	10	5	5
Précipitations (mm)	2	0	4	17	18	500	890	340	277	122	20	30

6
Le sud de Goa

Depuis les années 1980, époque à laquelle les vols charters ont commencé à envahir Goa, le sud de l'État jouit d'un succès touristique grandissant. En général moins fréquentées, ses plages n'ont rien à envier à celles du nord. En outre, nul besoin d'effectuer de longs détours en bus, puisque aucun grand estuaire ne vient morceler cette partie de la côte.

Au sud du Marmagao s'étend la province de **Salcete**, séparée du Ponda par le cours supérieur de la Zuari. Quant au **Quepem**, il est enclavé entre le Salcete et le **Canacona**, région la plus méridionale de Goa. Au Salcete, le littoral s'étire en un long ruban de sable ininterrompu entre **Cansaulim**, au nord, et l'estuaire de la **rivière Sal**, au sud. Officiellement rattachée à la province de Marmagao, la ville de Cansaulim est néanmoins traitée dans ce chapitre en raison de sa situation sur cette plage.

La province de Quepem, dont le petit bout de côte est situé entre l'estuaire de la Sal et le promontoire de **Cabo de Rama** (cap Rama), attire peu de visiteurs et ne présente que l'attrait du calme absolu.

Hier encore, la province de Canacona était, au sud, ce qu'était le Pernem au nord : un refuge pour ceux qui estimaient qu'une nourriture simple et un hébergement rudimentaire étaient des concessions mineures pour profiter d'un cadre idyllique et d'une paix royale. Jusqu'à présent, son éloignement l'a préservée de tout projet de développement ; cependant, l'ouverture de la ligne ferroviaire de la côte du **Konkan** pourrait bien mettre fin à ce superbe isolement.

À NE PAS MANQUER

*** Loutulim :
le plus ravissant des villages traditionnels du sud de Goa.
*** Colva :
une plage de rêve.
*** Palolem : un petit paradis encore préservé.
** Chandrapura : un site archéologique fascinant.

Page ci-contre : *la plage de Colva offre de magnifiques couchers de soleil sur la mer d'Oman.*

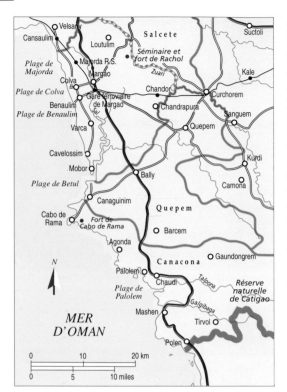

MARGAO (MADGAON)
ET LES ENVIRONS

Margao, la capitale assoupie de la province de **Salcete**, ne semble prendre vie que lorsque le grand marché couvert bat son plein. Avant tout ville agricole et point de rencontre entre le chemin de fer et la route, elle ne retient les visiteurs que le temps de changer de bus ou, parfois, de visiter le marché. Comme à Panaji, l'héritage portugais reste manifeste, en particulier dans les rues du centre – entre le **parc Jorge Barreto** et **Church Square** – jalonnées de demeures du XVIIIe et du XIXe siècle, au charme désuet.

L'église du Saint-Esprit *

Cette église du XVIIe siècle fut construite peu après la conquête du Salcete par les Portugais. Elle occupe l'un des côtés d'une place carrée bordée de bâtiments coloniaux à jamais privés de leur superbe. La croix monumentale blanchie à la chaux qui se dresse au centre de **Church Square** marque l'emplacement d'une ancienne église détruite par les musulmans en 1565, quatorze ans à peine après son érection. L'édifice que nous contemplons aujourd'hui date de 1675 et possède une façade baroque très chargée. L'entrée s'effectue par l'arcade sud, qui débouche sur un parvis entouré d'édifices cléricaux. Notez les magnifiques retables indiens sculptés et le sanctuaire finement décoré.

Le séminaire et le fort de Rachol **

En 1580, le séminaire fut transféré de Margao, sans cesse en butte aux offensives musulmanes, au fort de Rachol. Cette forteresse du XIVᵉ siècle fut conquise en 1520 par le **radjah de Vijayanagar**, qui la céda peu après à ses alliés portugais. Elle devint ainsi la première place forte lusitanienne à l'intérieur des terres, et le demeura jusqu'au milieu du XIXᵉ siècle. Puis, les menaces d'invasion musulmane ou hindoue étant définitivement écartées, les Portugais l'abandonnèrent et le temps fit son œuvre. Le mur d'enceinte a pratiquement disparu ; on pense qu'il fut démantelé pour servir à la construction du séminaire. Ce collège catholique, qui fut jadis le plus important centre d'enseignement de l'État, est toujours en activité. Ses hauts murs blancs dissimulent une cour intérieure d'un rose soutenu. L'immense façade de l'église du séminaire, dont l'intérieur rappelle celui du Bom Jesus d'Old Goa, occupe un côté entier de la cour du collège.

Loutulim ***

Au nord de Margao se situe Loutulim, le plus sûr vainqueur du titre de plus joli village de Goa : parsemées d'anciennes demeures portugaises au charme et à l'élégance intacts, ses rues forment un tableau d'une clarté presque aveuglante où, çà et là, des taches roses et ocre accentuent la blancheur des murs recouverts de chaux. Le village se déploie autour d'une place centrale que domine une ravissante église paroissiale. La profusion de colonnes et d'arcs de sa façade célèbre à merveille le style baroque.

Ci-dessus : des maisons aux tons roses et ocre, datant de l'époque coloniale portugaise, jalonnent les petites rues tranquilles de Loutulim.

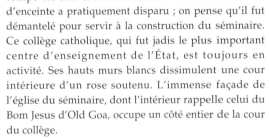

LES GUERRES MARATHES

Les Portugais furent près de perdre leurs territoires indiens lors de la guerre qui les opposa, entre 1737 et 1739, aux Marathes du Maharashtra. Après s'être emparés d'avant-postes ennemis au nord, les guerriers hindous fondirent sur Goa, prirent Margao et menacèrent la capitale. La défense lusitanienne se révéla cependant si tenace que les fiers combattants se résolurent, en mai 1739, à signer un traité de paix contre une grande partie des conquêtes septentrionales des colons portugais.

Ci-dessus : *à Goa, la tradition veut que l'on arbore des vêtements neufs aux couleurs chatoyantes lors des fêtes hindoues et chrétiennes qui ponctuent l'année.*

DHOBI

Parmi les nombreux sujets d'étonnement lors d'un premier voyage en Inde, le système de blanchissage, ou *dhobi*, n'est pas des moindres. Dans un pays où l'efficacité de nombreux services – du téléphone jusqu'aux réservations d'hôtel ou d'avion, en passant par l'administration – laisse à désirer, quand elle n'est pas nulle, le *dhobiwallah* (laveur de vêtements) est un brillant contre-exemple. Rares sont les endroits au monde où il est possible de faire laver ses vêtements aussi rapidement et aussi bien.

Chandor *

Le village de Chandor, à 5 km de Margao, accueille, le 6 janvier de chaque année, l'une de ces célébrations hautes en couleur dont Goa a le secret : la **fête des Reis Magos** (Rois mages), autrement dit l'Épiphanie. Par ailleurs, Chandor recèle, sur sa place principale, l'une des plus somptueuses demeures coloniales de la province de Salcete. La **maison de Menezes Braganza**, en grande partie construite aux XVIIIe et XIXe siècles, offre un fascinant aperçu du faste dans lequel vivaient, à cette époque, les familles goanaises. Les Menezes Braganza, qui furent parmi les premiers à se convertir au catholicisme, occupent les lieux depuis le XVIe siècle. Le grand salon pavé de marbre, l'immense bibliothèque, la salle des banquets et la chapelle privée sont autant de témoignages de la richesse et de la puissance de cette lignée.

Chandrapura **

Le plus ancien site de peuplement goanais découvert à ce jour s'étend à 2 km de Chandor. C'est en 1929 que Chandrapura attira l'attention des archéologues. Les vestiges qu'ils y mirent à jour, une **forteresse** et un **temple**, remontent au IIIe siècle av. J.-C. À la fin du VIe siècle, les **Kadamba** avaient fait de ce port fluvial leur capitale régionale. Elle fut abandonnée en 1052, lorsqu'ils s'établirent à Govalpuri, entre la Mandovi et la Zuari. Il ne reste à présent de cette cité jadis florissante que les fondations du fort et les murs de briques du temple **shivaïte** qu'il renfermait.

LES VILLAGES CÔTIERS DU SUD DE GOA

La plus longue plage de Goa – l'une des plus belles d'Asie – débute au pied du promontoire de **Bogmalo**, dans la province de Marmagao, et s'étire vers le sud. Aux abords d'anciens villages de pêcheurs, petits hôtels et complexes sans prétention ponctuent ses 25 km de sable. Hébergements et habitations sont généralement à quelques centaines de mètres du bord de mer, hors de portée des puissantes vagues qui déferlent sur la plage durant la mousson. Jusqu'à présent, seule la route principale longeant la côte jusqu'à l'estuaire de la **Sal** desservait les différentes stations balnéaires. Désormais, la nouvelle ligne ferroviaire du **Konkan** traverse la province de Salcete jusqu'à Margao, reliant cette région avec le sud. Si le développement touristique qui en résulte transforme d'ores et déjà la physionomie du littoral, il épargne encore de longues étendues sableuses situées entre les concentrations de pensions et de restaurants.

Ci-contre : *sur la plage de Benaulim, le porte-monnaie des touristes attire une foule de jeunes vendeurs ambulants passés maîtres dans l'art du marchandage.*

LES NOIX DE CAJOU

Introduits en Inde par les Portugais, les anacardiers couvrent une grande partie de l'intérieur des terres goanaises et fournissent l'un des premiers produits d'exportation de l'État. Un séjour à Goa est l'occasion de s'approvisionner en noix de cajou, vendues en vrac sur les marchés. C'est à partir de ce fruit d'un jaune éclatant qu'est distillé le *feni*, un alcool fort.

Ci-dessus : *palmiers élancés bordant la laisse de la longue étendue sableuse de Colva.*

LES NOIX DE COCO

Les palmiers qui ourlent le littoral goanais n'ont pas pour seule vocation de décorer les plages. Avec les anacardiers, ils occupent près de la moitié des terres agricoles de Goa, fournissent nourriture et boisson, et constituent des cultures commerciales. Séchée, la chair de la noix de coco est exportée, tout comme le *coir*, fibre épaisse obtenue à partir de l'écale. Une fois vide, celle-ci sert de combustible. Des vendeurs de plage gagnent leur vie en proposant du lait de coco aux touristes. La sève palmiste fermentée et distillée procure des alcools forts tels que le « toddy » ou l'*arak*, ou la version « coco » du *feni*, bien plus redoutable !

Cansaulim **

Cansaulim, à ne pas confondre avec Candolim, dans la province de Bardez, marque le début du long ruban de sable qui pare le sud goanais. Après Colva, la plage s'étire sans interruption jusqu'à l'estuaire de la Sal. Situé près de l'**aéroport de Dabolim**, Cansaulim figure parmi les stations balnéaires les plus fréquentées du sud, sans pour autant prétendre rivaliser avec les villages touristiques du nord.

Majorda **

Réfugié à 2 km à l'intérieur des terres, le village de Majorda se trouve à 5 km au sud de Cansaulim. Aisément accessible en train, il offre avant tout l'attrait de sa plage, bien que son **église Notre-Dame**, qui remonte au XVIIIe siècle, lui confère aussi un intérêt historique.

Colva ***

À mi-chemin de la plage du même nom et à 8 km environ à l'ouest de **Margao**, Colva est aujourd'hui la principale station balnéaire de cette partie du littoral. Entourée, de part et d'autre, d'un chapelet d'hôtels et de restaurants, la petite ville n'est certes plus le havre de paix qui, dans les années 1960, faisait le bonheur des premiers voyageurs indépendants. Elle n'en est pas pour autant envahie par les grands complexes internationaux. La plupart des établissements, de taille raisonnable, accueillent aussi bien une clientèle à petit budget que des vacanciers en séjour organisé. Par ailleurs, Colva occupe une place privilégiée au sein du marché touristique indien, ce qui ne l'empêche pas de voir ses traditions se perdre : les pirogues de pêche jadis hissées sur la grève ont disparu au profit de bateaux à moteur mouillant au large. À l'intérieur du village, le carrefour principal est dominé par **Notre-Dame-de-la-Miséricorde**, dont l'éclatante façade blanche dissimule une décoration intérieure aux couleurs criardes. Fondé en 1630, l'édifice fut reconstruit par les jésuites au XVIIIᵉ siècle.

Benaulim ★★★

Dominé par l'église **Saint-Jean-Baptist**e, bâtie au sommet d'une colline à environ 1 km de la mer, le village de Benaulim vit tranquillement parmi les cocotiers. Ses quelques hôtels, que ce soit dans le village même ou sur la plage, hébergent principalement des visiteurs indépendants aspirant au calme. Plus au sud s'échelonnent petites pensions et restaurants de plage dépendant des villages de **Varca** et de **Cavelossim**.

LES MILANS

Ces charognards proches du busard tournoient souvent dans le ciel au-dessus des villages et des champs. Le plus commun, le **milan à queue fourchue** – qui se reconnaît également à son plumage brun –, fréquente volontiers les abords des zones peuplées. Le **milan des brahmes**, ou milan sacré – plus petit, queue ronde, ailes brunes, tête et gorge noir et blanc – se rencontre plus souvent le long de la côte, ainsi qu'aux abords des lacs et rivières.

Ci-dessous : *les buffles d'Inde servent de bêtes de trait pour labourer les rizières vert et or de Goa.*

LES MARTINS-PÊCHEURS

Parmi les espèces propres à l'Inde, le **martin-pêcheur pie**, avec son plumage tacheté de noir et blanc, et le **martin-pêcheur à gorge blanche**, également reconnaissable à ses ailes turquoise et sa tête brune, sont les plus courants. Lignes téléphoniques ou branches d'arbres surplombant cours d'eau, étangs ou champs inondés constituent leurs perchoirs favoris, lorsqu'ils ne voltigent pas au-dessus des eaux en quête d'une proie.

Mobor **

Sur l'étroite avancée précédant l'estuaire de la **Sal**, le village de Mobor marque la limite méridionale de la côte de Salcete. Ne vous fiez pas à sa situation isolée : c'est l'une des stations les plus huppées du sud de Goa. Elle se réduit à un groupe d'hôtels luxueux entourés de propriétés méticuleusement entretenues. À moins de séjourner dans l'un de ces palaces, le site offre peu d'intérêt. Le village en lui-même, un minuscule hameau de pêcheurs, ne comporte aucune infrastructure touristique. Les ornithologues – confirmés ou en herbe – trouveront néanmoins leur bonheur sur l'estuaire, qui attire une foule d'oiseaux marins et de gibier d'eau, parmi lesquels des nuées de goélands et plusieurs espèces de martins-pêcheurs, de cigognes et de hérons.

Betul **

Presque enclavée, la province de Quepem ne dispose que d'une toute petite bande côtière, entre l'estuaire de la Sal, au nord, et sa frontière avec le Canacona, au sud. Betul, unique station balnéaire, occupe la rive méridionale de

Ci-dessous : *vendeurs itinérants sur la plage de Benaulim.*

l'embouchure du fleuve. Pour y accéder, il faut faire un détour jusqu'au pont piétonnier, à l'intérieur des terres, ou traverser en bac. Jusqu'à présent, cette contrainte l'a préservé du tourisme de masse. Ici séjournent des voyageurs pour qui le paradis se résume à une plage de rêve, une nourriture simple et un hébergement sommaire. Contrairement à la plupart des autres villages du littoral, Betul, protégé des rafales de la mousson par l'avancée de la Sal, se situe au bord de la laisse. Ce site présente en outre l'avantage de la proximité des paisibles plages de la province de Canacona, séparée du Quepem par le promontoire de **Cabo de Rama**.

Ci-dessus : l'alignement de parasols sur la paisible plage de Mobor révèle un engouement touristique croissant.

LE CANACONA

Bordée par le Karnataka au sud, la plus méridionale des provinces de Goa est aussi la plus tranquille et la moins développée. Hier encore, ses superbes plages sauvages, parsemées de modestes villages de pêcheurs, n'attiraient que les Robinson en herbe, qu'un long voyage en bus ne décourageait pas. Désormais, la ligne de chemin de fer du **Konkan** relie cette province à Margao… et au XXe siècle. Cependant, pour inévitables qu'ils soient, les bouleversements ne sont pas pour demain.

Aujourd'hui, les **plages** du Canacona – succession d'anses naturelles séparées par des promontoires, adossées à de luxuriantes collines – restent ce qu'elles ont toujours été : idylliques. L'intérieur montagneux des terres, dont la **réserve naturelle de Catigao** recouvre une grande partie, est l'une des régions les plus sauvages de l'État ; elle tranche totalement avec les paysages bucoliques des pro-

---

LES AIGRETTES

Ces cousins des hérons sont nombreux dans les rizières et les champs où paît le bétail. Le plus commun d'entre eux est la grande **aigrette garde-bœuf**, aux bec et pattes jaunes, dont le plumage devient orange à la saison des amours. Elle trouve sa nourriture dans les champs et n'hésite pas à se percher sur le dos des buffles et autres vaches. L'**aigrette garzette**, d'aspect similaire mais plus grande, arbore un bec et des pattes noirs ; elle traque ses proies dans l'eau peu profonde. La **grande aigrette**, également coutumière des étangs, lacs et autres terres inondées, se reconnaît à son bec jaune et à ses pattes noires.

Ci-dessus : *palmiers et magnifique coucher de soleil à Palolem, l'une des plages les plus isolées de Goa.*

LES ROLLIERS ET GUÊPIERS

L'un des oiseaux les plus chatoyants du sous-continent, le rollier, exhibe un dos et des ailes vert turquoise, une queue d'un bleu profond et une poitrine rosée ; son cou et sa nuque s'ornent de taches violettes. Souvent perché sur les fils téléphoniques ou dans les arbres, il se reconnaît également à son élégant vol en piqué. Son proche parent, le guêpier, est encore plus éblouissant avec son plumage d'un vert électrique, sa gorge bleue et sa tête tirant sur le jaune.

---

vinces centrales. Le Canacona figure parmi les derniers territoires de l'actuel Goa à avoir été intégré à l'empire portugais : c'est en 1791 que le **roi de Sunda** le céda par traité.

Chaudi, le centre administratif de la province, n'offre aucune infrastructure touristique et ne comporte aucun site digne d'intérêt. On ne vient ici que pour changer de bus. Depuis fin 1996, cependant, on y prend également le train : la ville a été sacrée gare principale de la province depuis l'ouverture de la ligne ferroviaire du Konkan, ce qui ne manque pas d'apporter des changements aux alentours.

Cabo de Rama *

À proximité de la frontière Canacona-Quepem surgit le Cabo de Rama (cap Rama), qui s'élance dans la mer d'Oman. Selon une légende locale, il servit de refuge au dieu-guerrier **Rama** lorsque celui-ci fut vaincu par ses ennemis les démons. Quoi qu'il en soit, sa position stratégique n'échappa pas aux premiers occupants, ni, plus tard, aux Portugais. En 1763, ceux-ci s'emparèrent de la forte-

resse du **roi de Sunda**. Outre une petite chapelle, toujours visible aujourd'hui, ils lui adjoignirent plusieurs grands bâtiments, dont il ne reste désormais qu'un labyrinthe de murs écroulés. Un profond fossé marque la première ligne de défense, que dominent des remparts en ruine et les vestiges du portail principal. Le fort n'a jamais plus servi après son abandon par les colons, dans les années 1830.

Palolem ***

Certaines personnes pensent sans hésiter que Palolem est la plus belle plage de Goa. Avouons qu'il est difficile de leur donner tort. Imaginez, s'étirant sur plus d'1 km, un croissant de sable fin encadré de promontoires richement boisés. Au large s'étend un petit îlot accessible à pied à marée basse. Adossée à un rideau de palmiers, la plage compte plusieurs petits bars peints de couleurs vives. Des maisons, quelques magasins et des restaurants simples, disposés de part et d'autre de la route menant à Chaudi, composent le village lui-même. Quant aux pensions et huttes pour touristes, apparues voici peu, elles se nichent dans les cocoteraies sans – encore – déparer ce cadre paradisiaque.

Ci-dessous : *le macaque à longue queue est l'un des pensionnaires de la réserve naturelle de Catigao.*

La réserve naturelle de Catigao *

Catigao couvre 100 km² de collines boisées dans les contreforts des **Ghâts occidentaux**. La plus sauvage des réserves de Goa est aussi la moins accueillante. Pour l'explorer, vous avez le choix entre votre propre véhicule (de préférence un 4 x 4, plus adapté à la seule piste en terre du site) ou la marche à pied. La réserve ne compte ni point de restauration, ni hébergement.

Le sud de Goa en un coup d'œil

Comme dans les autres régions de Goa, la meilleure période pour séjourner dans le sud s'étend de **mi-septembre** à **mi-février** : la journée, les températures oscillent autour de 27 °C en moyenne.

Depuis Panaji, plusieurs **bus** se rendent chaque jour à Margao (2 h) et Vasco Da Gama (1 h 30). Il existe également plusieurs **trains** par jour de Vasco Da Gama à Margao (1 h 30).
Les trains circulant entre ces deux gares s'arrêtent tous à Cansaulim et Majorda (25 et 35 min), pour les stations balnéaires du sud.
La nouvelle **ligne ferroviaire du Konkan**, ouverte depuis peu, relie désormais Vasco Da Gama et Margao à Chaudi, avant de desservir le Karnataka jusqu'à Mangalore. De là, des correspondances sont assurées avec le Kerala. À partir de Vasco, des **bus** desservent Cansaulim (45 min) et Majorda (55 min). Plusieurs véhicules partent aussi chaque jour de Margao pour Benaulim (15 min) et Mobor (30 min). Pour Betul, prendre le bus à destination de Mobor et traverser la Sal en **ferry** ou en empruntant le pont piétonnier situé au bout de la route goudronnée. D'autres bus quotidiens relient Margao à Chaudi, dans le Canacona (1 h).

Pour rejoindre le fort de Cabo de Rama et les petits villages environnants, vous pouvez soit louer votre propre véhicule, soit effectuer une longue marche à pied depuis la route principale entre Betul et Chaudi. Deux bus quittent chaque jour Chaudi pour Palolem (30 min).

À Colva, **bicyclettes**, **scooters** et **taxis** sont disponibles à la location. L'un des meilleurs moyens d'explorer toute la côte sud reste le scooter. Ailleurs, les transports publics se limitent aux bus.

Salcete
LUXE
Leela Palace Goa, Mobor, Cavelossim, tél. (0834) 746363, fax 746352. Le meilleur complexe de Goa et de l'Inde. Dirigé par le célèbre groupe Kempinski, il possède 18 ha de magnifiques jardins paysagers, une immense plage déserte, des lagunes et un golf 9 trous.
Majorda Beach Resort, Majorda, tél. (0834) 730204, fax 730212. Complexe de luxe de 63 chambres et 10 villas tout équipées.
Golden Tulip Regency Hotel, Uttorda, Majorda, tél. (0834) 754180, fax 746333. Établissement de chaîne internationale sur Majorda Beach.

Goa Renaissance Resort, Varca (Colva), tél. (0834) 437001, fax 745225. Établissement appartenant à la chaîne internationale du groupe Ramada. 130 chambres, golf 9 trous et courts de tennis. Prestations et gestion parfaites, voire trop.

PRIX MODÉRÉS
Holiday Inn Resort, Mobor, Cavelossim, tél. (0834) 746303, fax 746333. Ambiance sympathique. Spacieux et confortable complexe situé à quelques centaines de mètres de la plage.
Resorte de Goa, Fatrade, Varca (Colva), tél. (0834) 745065, fax 745310. Complexe de bon rapport qualité-prix très fréquenté par les touristes Européens et Indiens.
Dona Silvia, Cavelossim, tél. (0834) 746321, fax 746320.
Au cœur d'une splendide propriété, discret complexe organisé en village, doté de 174 chambres réparties dans 68 bungalows de style méditerranéen.

ÉCONOMIQUE
Dona Sa Mana Holiday Home, Tomberim, Cavelossim, tél. (0834) 745321. Sympathique et confortable. Le plus cher de cette catégorie. Proche de la plage.

Le sud de Goa en un coup d'œil

Betul

Betul ne possède jusqu'à présent que des établissements très simples. Pour trouver une chambre, il suffit de se rendre et de se renseigner sur place.

ÉCONOMIQUE
Oceanic Tourist Hotel, Bapsole, Betul, tél. (0834) 721860. Simple établissement de 12 chambres offrant à peine plus que les prestations de base.

Le Canacona

Palolem propose à présent plusieurs petits hôtels, qui sont venus s'ajouter aux chambres chez l'habitant et aux terrains de camping rudimentaires installés parmi les cocotiers.

ÉCONOMIQUE
Palolem Beach Resort, Palolem, Canacona. Nom plutôt pompeux pour ces 20 chambres chez l'habitant à proximité de la plage.

Villages de la plage du Salcete

Sur cette partie du littoral, les huttes, bars et cafés-restaurants de plage sont si nombreux qu'il est impossible d'en dresser une liste exhaustive, d'autant plus que de nouveaux établissements apparaissent régulièrement et que les plus anciens changent constamment de propriétaire ou de nom. Tous proposent plus ou moins les mêmes menus – spécialisés

dans les fruits de mer – aux mêmes prix. La plupart s'installent sur ou au bord de la plage, et non dans les villages situés en retrait du bord de mer. Notez que pendant la mousson, de début juin à début septembre, presque tous ces restaurants ferment, ainsi que les hôtels et les pensions accueillant les voyages organisés. En dehors des complexes touristiques, les plus importantes concentrations de lieux de restauration se trouvent à Cansaulim, Majorda, Colva et Benaulim.

À Cavelossim, des établissements traditionnels se sont implantés à proximité du Dona Silvia : une pizzeria Shakey (sorte de fast-food américain) en face, un restaurant italien Roma Pisa, un restaurant Goa Village Riverside (cuisine goanaise et fruits de mer) et le restaurant Floating Raja (cuisine goanaise et indienne). Au sud de Cavelossim, face à l'entrée de l'Holiday Inn, le restaurant et le bar Hill's Den ainsi que le Lagosta Restaurant proposent des plats indiens, chinois, goanais et tandoori.

Johnny Cool Restaurant, tél. (0834) 746132. Face à

l'entrée du Leela Palace, au sud de Cavelossim. Cuisine indienne et chinoise et fruits de mer.

Betul, Chaudi et Palolem offrent quelques petits restaurants.

La plupart des grands hôtels de Colva et d'autres stations balnéaires proposent des circuits et des excursions à **Old Goa**, **Ponda**, aux **chutes de Dudhsagar** et autres sites. Al Mobor, Jack Cruises, c/o Johnny Cool Restaurant, tél. (0834) 746132, proposent des croisières, des sorties pêche, des rencontres avec des dauphins et des chauves-souris le long de la Sal, et des randonnées ornithologiques. Consultez ces activités sur les panneaux situés face aux restaurants et échoppes de plage.

Tourist Information Office, Margao Tourist Hotel, Railway Station Road, tél. (0834) 721966, fax 720470.
Goa Tourist Development Corporation, Tourist Home, Patto, Panaji, tél. (0832) 226515, fax 223926.

LE SUD DE GOA	J	F	M	A	M	J	J	A	S	O	N	D
Temp. moyennes (°C)	25	26	27	29	30	28	26	26	26	27	27	27
Heures de soleil/j.	10	12	12	10	10	1	1	4	5	6	10	10
Jours de pluie	1	0	1	8	9	30	30	30	20	10	5	5
Précipitations (mm)	2	0	4	17	18	500	890	340	277	122	20	30

7
Le Karnataka et le Kerala

On dit souvent que Goa, empreint de son héritage colonial portugais, est le moins indien des États du sous-continent. Dans ce cas, les régions qui l'entourent devraient correspondre à l'idée que l'on peut se faire de l'Inde : le **Karnataka**, avec ses temples fabuleux et ses palais des mille et une nuits qui datent de l'époque des princes musulmans ; le **Kerala**, qui offre un littoral de rêve et un vaste réseau de canaux ; le grand État du **Maharashtra**, qui est le cœur de l'empire marathe. Chacune de ces destinations, qui se caractérise par sa langue, ses coutumes et son costume traditionnel, propose une saveur différente de l'Inde. Le voyageur qui s'aventure hors des limites de Goa ne pourra que se féliciter d'avoir vécu autre chose que des vacances à la plage.

Encore récemment, il n'était pas simple de prolonger son séjour dans l'un de ces États, notamment en raison de la lenteur des moyens de transport. Pour ne citer qu'un exemple, le trajet en train de Goa à **Bangalore**, dans l'est du Karnataka, durait au moins 24 heures ; aujourd'hui, il ne prend « que » 15 heures. Quant aux liaisons aériennes, elles étaient sujettes à de nombreux problèmes, tels que surréservations ou annulations. Depuis quelques années, cependant, on assiste à une nette amélioration du réseau aérien régional : les vols sont plus fiables et les prix plus compétitifs. En outre, le Kerala, devenu une destination à part entière grâce à ses plages, est desservi par des charters directs. D'Europe, ceux-ci relient sans escale **Trivandrum**, station balnéaire prisée qui tient plus du gros village que de la capitale.

À NE PAS MANQUER

***Hampi : vestiges d'une ville du XIVᵉ siècle parsemée de temples et palais.
*** Bijapur : capitale du puissant empire musulman de Bijapur, au XVᵉ siècle.
*** Aihole, Pattadakal et Badami : joyaux de l'architecture religieuse hindoue des Vᵉ, VIᵉ et VIIᵉ siècles.
** Bangalore : la grande ville cosmopolite du Karnataka.
** Mysore : une cité historique au riche héritage royal.

Page ci-contre :
le somptueux palais des maharadjahs de Mysore.

Ci-dessus : *bien que le Karnataka soit l'un des États les plus riches de l'Inde, certains modes de transport n'ont pas changé depuis des siècles.*

LE KARNATAKA

Le vaste État du Karnataka, qui partage sa frontière avec Goa à l'ouest et le Kerala au sud, totalise un peu plus de 190 000 km² et compte près de 45 millions d'habitants. La langue la plus couramment parlée est le **kannada**. La majeure partie du territoire consiste en un plateau vallonné, séparé de la côte par les flancs escarpés des **Ghâts occidentaux**. Les quelques plages isolées qui ourlent son littoral sont loin de proposer des infrastructures touristiques comparables à celles des États voisins. Pour le visiteur en provenance de Goa, l'intérêt principal du Karnataka réside dans ses villes historiques, ses vestiges de temples et ses ruines de forteresses.

Au nord, parmi les sites les plus intéressants, figurent les vestiges des **royaumes musulman de Bijapur** et **hindou de Vijayanagar**. Des siècles durant, leurs souverains se disputèrent le contrôle de Goa. **Mysore**, au sud, mérite également que l'on s'y attarde.

Dans cette partie du sous-continent, rares sont les régions qui offrent un contraste aussi saisissant entre l'Inde traditionnelle et l'Inde moderne. En zone rurale, le travail est encore en grande partie effectué par les hommes et les bêtes, tandis que **Bangalore**, la capitale d'État, s'enorgueillit d'être le principal centre spatial et informatique du pays. Surnommée « Silicon Plateau », la métropole exporte, par satellite, plusieurs millions de dollars de logiciels vers l'Asie, l'Europe et les États-Unis.

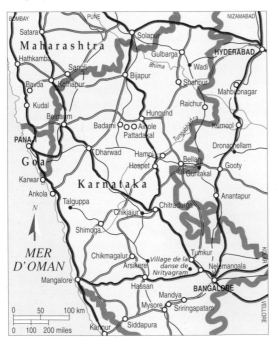

Le Karnataka présente en outre l'avantage de se situer hors des grands circuits touristiques : après la visite des sites très fréquentés du Nord de l'Inde, le visiteur appréciera le calme qui règne au cours de la découverte de ses richesses.

Hampi ***

Les ruines de la capitale du puissant empire **vijayanagar** du XIVe siècle se situent à 13 km de la ville moderne d'**Hospet** et à 330 km au nord-ouest de Bangalore. Désormais inscrit sur la liste du patrimoine mondial de l'Unesco, le site s'impose comme le plus spectaculaire de la région, notamment pour les *ziggourats* (tours) qui dominent ses temples. Certains édifices sont toujours en cours de restauration. Adossée à une barrière de collines rocailleuses et escarpées, la ville est cernée, sur trois côtés, par la **rivière Tungabhadra**. Derrière sept murs d'enceinte, dont on peut voir aujourd'hui encore les vestiges, les rois vijayanagar régnaient sur une ville de 500 000 habitants, défendue par une puissante armée. Fondé en 1336, l'empire parvint à son apogée au début du XVIe siècle : il contrôlait la quasi-totalité du Sud de l'Inde. La ville disparut en 1565, mise à sac par une armée musulmane.

Ci-dessous : *un* sadhu *(saint homme) annonce le début de festivités hindoues en soufflant dans une conque traditionnelle.*

L'HISTOIRE DE BIJAPUR

La dynastie des **Adil Shah**, dont Bijapur fut la capitale de 1489 à 1686, s'imposa à la tête de la région à partir de 1482, succédant à un royaume **bahmani** musulman. Son territoire englobait la majeure partie de l'actuel Goa, ainsi que le nord du Karnataka et le sud du Maharashtra. Au début du XVIe siècle, les Adil Shah perdirent Goa en faveur des Portugais, avant de prêter allégeance, à la fin du siècle suivant, aux **Moghols** de Delhi.

Ci-dessous : *l'imposant temple du Char constitue l'un des attraits majeurs du temple de Vithala.*

Les sites d'Hampi

Une fois l'an, le souverain montait sur la gigantesque balance à plateaux qui est aujourd'hui connue sous le nom de **balance du roi** ; il distribuait son poids en or et pierres précieuses aux temples de la ville. Jadis recouvert d'un auvent, le **bain de la reine**, un bassin de pierre carré, porte encore les traces de ses splendides fresques et frises sculptées. Non loin, le **Lotus Mahal**, un édifice à deux étages, présente un bel exemple d'architecture indo-musulmane. C'est ici que résidaient les dames d'honneur de la reine.

Construites aux dimensions de leurs imposants pensionnaires, les dix salles voûtées de l'**étable des éléphants** se déploient autour du pavillon central, où vivaient les cornacs. Mais le véritable chef-d'œuvre du site reste le **temple de Vithala**, dont chacun des piliers d'un seul tenant émet un son différent lorsqu'on le frappe. Il abrite le célèbre char de pierre tiré par des éléphants. Le temple de **Virupaksha** (l'un des avatars de Shiva), le plus imposant des lieux, est toujours fréquenté de nos jours par les fidèles. Doté de deux cours, il est précédé d'un monumental **gopura** (portail) de pierre de 50 m de haut. Quant au monolithe d'**Ugra Narasimha** (6,70 m de haut), il célèbre Vishnu sous l'aspect de Narasimha, créature mythique mi-homme, mi-lion.

Bijapur **

Dans le nord du Karnataka, à 530 km de Bangalore et 200 km de Hampi, s'étend la cité de Bijapur. Lorsque, au XVe siècle, la dynastie des **Adil Shah** arracha Goa et une grande partie de la région environnante aux **Vijayanagar**, Bijapur devint sa capitale à l'intérieur des terres. Cet écrin recèle certains des joyaux de l'architecture musulmane des XVIᵉ et XVIIᵉ siècles, dont la grâce contraste avec la forme massive des temples hindous contemporains.

Les sites de Bijapur

Le majestueux Gol Gumbaz, coiffé d'une des plus vastes coupoles au monde, abrite le tombeau de **Muhammad Adil Shah III** (1626-1656). L'intérieur offre une acoustique remarquable – qui permet au moindre son de se répercuter distinctement à travers l'immense salle. **Jumma Masjid**, l'une des plus belles mosquées de l'Inde, se reconnaît à son étincelante coupole dorée, flanquée de minarets élancés. Construite par Adil Shah Iᵉʳ (1557-1580), elle renferme une copie du Coran enluminée à l'or fin, tandis que des versets en lettres dorées s'inscrivent sur ses murs.

Ci-dessus : *le mausolée d'Ibrahim Roza, érigé pour abriter la sépulture de la sultane, aurait inspiré le célèbre Taj Mahal.*

Hors des remparts, le somptueux mausolée d'**Ibrahim Roza**, qui aurait inspiré le Taj Mahal, fut érigé par Adil Shah II (1580-1626) pour abriter la sépulture de son épouse, Taj Sultana. Sur l'un des bastions de l'enceinte fortifiée veille **Malik-e-Maidan** (« roi des plaines »), une pièce d'artillerie de 4 m de long pesant plus de 50 tonnes, qui figurait parmi les trophées de guerre ravis aux rois de Purandar.

Aihole, Pattadakal et Badami ***

Successivement capitales des rois hindous chalukya aux Vᵉ, VIᵉ et VIIᵉ siècles de notre ère, ces trois cités recélant une multitude de temples s'étendent dans un rayon de 13 km. Leur visite peut s'intercaler entre celle de Bijapur, à 75 km au nord, et celle de Hampi, à 125 km au sud.

Aihole, parfois surnommée le « berceau de l'architecture religieuse hindoue », ne compte pas moins de cent vingt-cinq temples délicatement sculptés. Le plus ancien, le temple de Lad Khan, remonte au Vᵉ siècle. À **Pattadakal**, désormais classé patrimoine mondial, s'élèvent dix sanctuaires d'un grand raffinement, dont le plus imposant demeure celui de **Virupaksha** (VIIIᵉ siècle). Quant à **Badami**, on y vient surtout pour ses quatre temples rupestres aux murs ornés d'immenses reliefs de Shiva, Vishnu et autres divinités.

Ci-dessous : *l'imposant édifice du Vidhana Soudha, est un legs du radjah britannique.*
Page ci-contre : *arcs et colonnades raffinés ornent l'intérieur de l'élégant petit palais de Tippu Sultan, à Bangalore.*

BANGALORE

Fondée en 1537 par le roi hindou **Kempegowda**, puis développée par le sultan musulman **Haidar Ali** et son fils **Tippu Sultan**, Bangalore se révèle l'une des villes les plus modernes de l'Inde. À 1 000 m d'altitude, elle jouit d'un climat qui lui valut les faveurs des Britanniques lorsqu'ils occupèrent la région en 1799. Sacrée « ville verte » (selon les critères indiens), Bangalore se distingue en effet des autres agglomérations du Sud par la relative importance accordée aux espaces verts et par l'atmosphère décontractée qui y règne.

Le palais du sultan **

À l'origine à l'intérieur du fort, ce petit palais de deux étages orné d'arcs et de colonnades fut érigé par **Haidar Ali** en 1778. Son fils fit achever sa construction un an plus tard. Ouvert tous les jours de 6 h à 18 h, sauf les jours fériés.

Le fort **

D'imposants bastions et remparts marquent le site de la forteresse qui, au XVIe siècle, fut celle du roi **Kempegowda**, avant d'accueillir, deux cents ans plus tard, les sultans **musulmans**. De l'intérieur, il ne reste pratiquement rien. Ouvert tous les jours de 8 h au coucher du soleil.

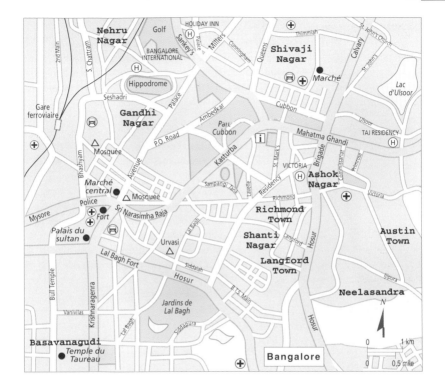

Bangalore

Le temple du Taureau (Bull Temple) ★★

Le temple le plus ancien de Bangalore renferme une statue colossale du taureau sacré **Nandi**, taillée dans un seul bloc de granit poli, d'un noir brillant. Le sanctuaire date du règne de **Kempegowda**, au XVIe siècle.

Les jardins de Lal Bagh ★

Haidar Ali créa ce parc en 1760, qui fut agrandi par son fils. Les habitants prétendent que ces jardins, qui couvrent aujourd'hui 100 ha, comptent parmi les plus beaux du pays ; ils peuvent toutefois paraître banals pour les Occidentaux.

Le parc Cubbon ★

Ce parc de 121 ha en pleine ville fut planté en 1864. Le lieutenant général sir Mark Cubbon (1784-1861), qui lui donna son nom, fut le commissionnaire britannique de l'État de Mysore.

Le village de la danse de Nrityagram **

À quelque 30 km de Bangalore, ce lieu unique accueille des jeunes femmes venues des quatre coins de l'Inde pour apprendre les danses classiques. L'enseignement se déroule selon le principe immuable du *guru-shishya parampara*, c'est-à-dire la transmission orale du maître (*guru*) au disciple (*shishya*) de la tradition, de la culture et des valeurs ancestrales. Il est possible d'assister aux cours et de participer à des ateliers de yoga et de méditation.

TIPPU SULTAN

Tippu Sultan de Mysore fut le dernier souverain indien à opposer une résistance aux Britanniques. Habile politicien et fin stratège, il engagea des mercenaires européens pour entraîner ses troupes et s'allia aux Français contre la Couronne. En 1799, sous le commandement de **lord Wellesley** (futur duc de Wellington), les Anglais employèrent la force et Tippu périt lors de la bataille engagée contre sa forteresse de **Sriringapatam**.

Ci-dessous : *vision féerique du palais royal à Mysore.*
Page ci-contre : *la merveilleuse palette de couleurs des poudres de teinture retient le regard au vaste marché central de Bangalore.*

MYSORE

Mysore, à 140 km au sud-ouest de Bangalore, demeure l'une des villes les plus séduisantes du Sud de l'Inde. Perchée à 770 m d'altitude, elle jouit d'un climat tempéré. Au XIVe siècle, la cité et les alentours vivaient sous le joug des maharadjahs wodeyar. En 1759, ceux-ci s'inclinèrent devant **Haidar Ali**, pour reprendre leur territoire quarante ans plus tard, après que **Tippu Sultan** et ses alliés français eurent été chassés par les Britanniques. Ces derniers placèrent la dynastie sous leur tutelle et les **Wodeyar** restèrent au pouvoir jusqu'à l'indépendance. C'est à cette lignée princière que Mysore doit ses plus beaux édifices.

Le palais royal ***

Après l'incendie de son palais en 1897, le maharadjah chargea l'architecte britannique **Henry Irwin** d'en reconstruire un, qu'il acheva en 1912. Il en résulte un somptueux mélange de styles : un univers des mille et une nuits, allié à une architecture indo-musulmane plus stricte. Outre un trône en or de 200 kg, le palais renferme sols en mosaïque, portes en argent et meubles incrustés de pierres précieuses, tandis que dorures et cristaux rivalisent d'ostentation avec les fresques exubérantes qui ornent murs et colonnades. Ne vous privez pas d'aller le voir une seconde fois à la nuit tombée : avec sa majestueuse façade illuminée de milliers d'ampoules électriques, le palais se détache avec féerie contre le velours noir du ciel. Ouvert tous les jours de 10 h 30 à 17 h 30.

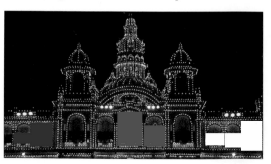

La galerie d'art de Shri Jayachamarajendra (palais de Jaganmohan) *

Dès 1875, ce palais, construit quatorze ans plus tôt, fut transformé en galerie d'art. Parmi les objets présentés figurent des tableaux d'artistes indiens et étrangers, des portraits de la famille royale et, surtout, des peintures traditionnelles de Mysore, dont certaines parties sont recouvertes d'une feuille d'or. Ouvert tous les jours de 8 h à 17 h 30.

Le musée du Rail *

Près de la superbe gare ferroviaire de Mysore (bâtie pour les maharadjahs) le **musée du Rail**, expose notamment une collection de locomotives et de wagons, dont certains faisaient partie, au XIXe siècle, du convoi royal du maharadjah de Mysore. Ouvert tous les jours de 8 h à 17 h.

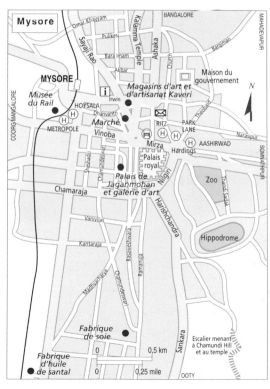

Chamundi Hill (temple de Shri Chamundeswari) *

Un escalier de mille marches mène du pied de la colline, située à 13 km de la ville, au temple de deux mille ans qui trône au faîte. Le sanctuaire est dédié à la déesse **Chamundeswari**, patronne de la dynastie wodeyar. À mi-pente se dresse un taureau Nandi en pierre de 4,80 m de haut. Si le nombre de marches vous impressionne, bus et taxis sont à votre disposition pour vous conduire au sommet.

Sriringapatam (Seringapatam) *

Situé à 16 km au nord de Mysore, Sriringapatam fut

LE BOIS DE SANTAL

Capitale de l'encens, Mysore est imprégnée des senteurs entêtantes qui s'échappent d'une douzaine d'ateliers. Dans ces mini-usines, que l'on peut visiter, bâtons et cônes d'encens sont fabriqués à une vitesse hallucinante (renseignements à l'Office d'information du KSTDC).

la capitale de deux grands souverains musulmans : Haidar Ali Sultan et Tippu Sultan, son fils. C'est ici que, en 1799, ce dernier périt lors d'une bataille contre les Britanniques. Le lieu recèle plusieurs somptueux édifices, dont le **Gunbadh**, tombeau de Tippu Sultan, et le palais de **Dariya Daulat**, sa résidence d'été. Celle-ci abrite aujourd'hui un musée présentant les objets, portraits et armes de son propriétaire. Les imposants remparts du fort méritent également une visite. Installée sur une île de la **Kaveri**, la ville est l'œuvre de bâtisseurs hindous du XIIIe siècle, à qui l'on doit le temple de **Ranganath**, véritable chef-d'œuvre architectural.

Ci-dessus : *pêcheurs au travail sur la plage de Kovalam.*
Ci-dessous : *palmiers bordant les backwaters (canaux) du Kerala.*

LE KERALA

L'un des plus petits États indiens, le Kerala compte environ 30 millions d'habitants répartis sur près de 40 000 km². La langue la plus couramment parlée est le **malayalam**. Si le Kerala partage certaines caractéristiques physiques avec Goa – un long ruban côtier verdoyant où cocotiers, anacardiers et riz constituent les principales cultures, et où la pêche demeure l'activité dominante –, il ne pos-

sède pas, en revanche, le passé colonial de son voisin. Ses frontières actuelles, définies lors de l'indépendance de l'Inde, résultent de l'intégration à l'ancienne province de **Madras** de deux États princiers, le **Cochin** (aujourd'hui Kochi) et le **Travancore**, tous deux sous domination britannique depuis la fin du XVIIIe siècle. Le Kerala se distingue également par une excellente politique intérieure : 60 % de sa population est alphabétisée et le taux de mortalité infantile y est l'un des plus bas du sous-continent – autant d'acquis d'un gouvernement marxiste éclairé, au pouvoir depuis quarante ans presque sans discontinuer. Sa prospérité s'explique également par le fait que nombre de ses habitants travaillent, pour des salaires élevés (selon les critères indiens), dans les Émirats arabes unis et autres pays du Golfe. Ainsi s'élèvent, le long du littoral, des villas construites avec l'argent rapporté au pays.

La magnifique anse naturelle de **Kochi** (Cochin) a, depuis toujours, ouvert le Kerala aux influences du monde extérieur. Grecs, Romains, Juifs et Arabes ont exploré ses côtes bien avant l'arrivée, au XVIe siècle, des premières caravelles portugaises et hollandaises. Lors de sa première expédition, Vasco de Gama, en quête de « chrétiens et d'épices », y découvrit une communauté catholique implantée depuis des lustres : elle aurait été créée par saint Thomas au Ier siècle de notre ère.

À NE PAS MANQUER

*** Kovalam : la meilleure plage du Kerala et l'une des plus belles de l'Inde.
*** Kochi : ville historique s'ouvrant sur une superbe anse naturelle.
*** Backwaters (canaux) du Kerala : une traversée inoubliable sur des lagunes tropicales bordées de palmiers.

Ourlé de superbes étendues de sable, le littoral kéralais atteint presque la pointe méridionale de l'Inde. L'industrie du tourisme y est en plein essor : des vols charters en provenance de l'Europe atterrissent désormais directement à **Trivandrum** (Thiruvananthapuram), alimentant les stations balnéaires des alentours de **Kovalam**.

Trivandrum et les environs **

Riche d'une atmosphère particulière, la capitale du Kerala séduit par la douceur de vivre qui y règne, loin de l'agitation qui caractérise la plupart des grandes agglomérations indiennes. Néanmoins, en dehors d'une architecture locale, elle n'offre aucun intérêt majeur, si ce n'est, non loin du centre, le plaisant petit **musée Napier**. Il expose une collection de bronzes, de reliefs et d'ornements de temples hindous.

La plupart des visiteurs délaissent cependant la ville pour la magnifique plage de **Kovalam**, à quelque 16 km au sud. Proposée par un nombre croissant de tour opérateurs, elle représente une destination hivernale de plus en plus prisée. Tout comme Goa, Kovalam commença sa carrière auprès des voyageurs indépendants, avant d'être sollicitée par une clientèle plus aisée. Hôtels, restaurants et boutiques de souvenirs ont récemment fait leur apparition sur cette partie du littoral, qui consiste en trois baies séparées de promontoires.

L'ÉTAT DU KERALA

Avec plus de 30 millions d'habitants et un territoire de 38 900 km², il est l'un des plus petits États indiens. La langue principale est le malayalam. Un Kéralais sur quatre est chrétien.

La pêche et la fabrication du *coir* (fibre issue de la noix de coco) représentent l'essentiel de l'activité économique, tandis que le tourisme est en passe de devenir la principale source de devises.

KOCHI (COCHIN) ET LES ENVIRONS

Son site naturel conféra jadis à Kochi une importance primordiale : la ville s'ouvre en effet sur un profond port naturel protégé par un chapelet d'îles et de péninsules. C'est ici qu'au début du XVIe siècle les Portugais prirent leur premier contact avec l'Inde. Cent ans plus tard, ce furent les Hollandais qui s'imposèrent pour, au début du XVIIIe siècle, céder le territoire aux Britanniques.

Chacun de ces pouvoirs coloniaux bénéficia de l'alliance des radjahs de **Varma**, qui régnèrent officiellement sur Kochi jusqu'à l'indépendance. Aujourd'hui, la ville reste l'un des plus importants ports économiques et stratégiques de l'Inde. La partie la plus ancienne de la cité, **Fort Cochin**, s'étend sur la grande péninsule, au sud de l'entrée du port. Entre celle-ci et la ville moderne d'Ernakulam, sur le continent, se trouve l'**île artificielle de Willingdon** qui repose sur le sable évacué pour améliorer la navigation. L'**île de Vypeen** et celle de **Bolgatty**, au nord de la baie, sont reliées entre elles, à Fort Cochin et à Ernakulam par une flottille de bacs et de bateaux-taxis.

Ne vous privez pas d'une promenade en bateau dans le port : vous profiterez d'un beau point de vue sur ses installations anciennes et modernes, où frégates militaires, petites barques de pêcheurs et barges chargées de riz mouillent bord à bord. Les principaux sites de la ville se regroupent à **Fort Cochin**, où il fait bon flâner au gré des ruelles sinueuses bordées de maisons blanchies à la chaux, de vieux entrepôts et de boutiques. Le quartier de **Jewtown**, autour de la synagogue historique, se révèle le plus agréable.

LES CHRÉTIENS AU KERALA

Les chrétiens du Kerala auraient été les premiers convertis de l'Inde, par **saint Thomas**, qui débarqua sur ces rivages en l'an 52. Puis il traversa le Sud du sous-continent jusqu'à Madras, où il fut martyrisé en 68, et où, semble-t-il, il fut enterré.

Au cours des siècles suivants, la communauté dut son essor à l'arrivée de négociants chrétiens et de missionnaires en provenance du Moyen-Orient. Elle fut ensuite coupée du reste du monde à l'issue des invasions musulmanes.

Page ci-contre : *la plage de Kovalam, au Kerala, est aussi prisée par les habitants et les pêcheurs que par les touristes.*

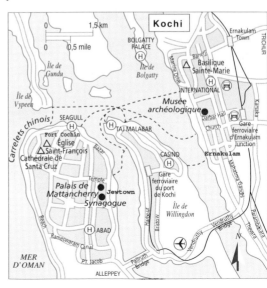

Ci-dessus : tels des insectes géants, les carrelets chinois de Kochi, probablement introduits par des commerçants chinois voici plusieurs siècles, se détachent sur le soleil couchant.
Ci-dessous : *le modeste palais de Mattancherry, à Kochi, renferme de superbes peintures murales illustrant des scènes d'épopées hindoues.*

Les carrelets chinois ***

Ces machines qui se dressent à l'ouest de Fort Cochin furent introduites au XIVe siècle par des Chinois. Il s'agit de grands filets suspendus, sur un cadre de bois de conception élaborée, à 10 m au-dessus des flots. Des contrepoids assurent l'équilibre de l'ensemble. Chaque carrelet est actionné par trois ou quatre personnes ; lorsqu'il remonte, le résultat est surprenant : en général, une vingtaine de « pomfrets » argentés en tout et pour tout se débattent au fond de la nasse. Beaucoup de peine pour pas grand-chose, semble-t-il.

Le palais de Mattancherry (palais hollandais) ***

L'édifice fut offert par les Portugais au radjah de Cochin, **Vira Kerala Varma** (1537-1561), dont ils espéraient s'attirer les bonnes grâces. Les Hollandais, également soucieux de plaire à la dynastie régnante, le rénovèrent durant la seconde moitié du XVIIe siècle. Dans la galerie des portraits, notez la ressemblance entre les différentes générations de la dynastie, de Rama Varma II (1864-1888) jusqu'au dernier héritier, Rama Varma VII (1948-1964). C'est sur l'immense estrade à bascule exposée au premier étage, parmi des portraits et des costumes de cérémonie, que les radjahs tenaient leurs audiences. Mais le palais se visite surtout pour ses merveilleuses peintures murales illustrant des scènes du Ramayana et d'autres épopées hindoues. Prévoyez le temps pour les apprécier : chacune raconte avec brio une histoire fascinante. Ouvert tous les jours de 8 h à 17 h.

La synagogue **

Elle fut érigée en 1664 sur le site d'une synagogue plus ancienne. La communauté juive de Kochi descend des négociants qui, voici près de deux mille ans, nouèrent les premiers liens entre la Palestine et l'Inde. Des piliers de cuivre poli s'élancent jusqu'au plafond, d'où dégringolent des douzaines de chandeliers en cristal. Ouvert du lundi au jeudi de 8 h à 17 h.

L'église Saint-François *

Bâtie en 1403, Saint-François est la plus vieille église de l'Inde. Elle fut édifiée par les **franciscains** qui accompagnaient la première expédition portugaise. Il reste peu de traces du bâtiment d'origine, rénové à plusieurs reprises non seulement par les Portugais mais aussi par les Hollandais et, par la suite, par les Britanniques.

Le palais de Bolgatty *

L'île de Bolgatty, au nord de la baie, fut choisie par les Hollandais pour y établir leur quartier général. Lorsque Kochi changea de mains, la résidence du gouverneur de la Compagnie hollandaise des Indes orientales devint celle du Résident britannique. Érigé en 1744, le « palais » est aujourd'hui un hôtel, le Bolgatty Palace Hotel, géré par la Kerala Tourist Development Corporation. Fréquemment sollicité pour des tournages, l'établissement ne manque ni de charme, ni de pittoresque. Il offre également un cadre idéal aux représentations **kathakali**, ces danses théâtrales traditionnelles du Sud de l'Inde, dans lesquelles des danseurs savamment maquillés et richement parés donnent vie à certains passages des récits épiques hindous.

Ci-dessus : les danseurs kathakali font le bonheur du public avec leurs costumes chatoyants et leur maquillage contrasté.

La réserve naturelle de Periyar *

Voici un siècle, la construction d'un barrage sur la **Periyar** donna naissance à un lac artificiel serti parmi les collines, à quelque 190 km à l'est de Kochi. Dans les années 1930, le plan d'eau devint le centre d'une réserve naturelle qui couvre aujourd'hui 780 km². Les visites s'effectuent le plus souvent en bateau. Si **éléphants** et **singes** font partie des spectacles les plus courants, les animaux plus farouches – dont le **tigre**, qui a trouvé ici l'un de ses rares refuges – sont loin d'être mis en confiance par les bruits de moteur. Le site constitue également un véritable paradis ornithologique. Dans la mesure du possible, évitez les fins de semaine et les périodes de vacances locales : la réserve et les hébergements sont alors pris d'assaut.

KATHAKALI

À travers les danses kathakali, c'est toute la mythologie indienne qui revit. Les danseurs (tous masculins) incarnent héros, dieux, déesses et démons, parés de costumes élaborés aux couleurs chatoyantes et le visage entièrement maquillé de rouge, vert et noir. Ils vont jusqu'à se rougir le blanc des yeux avec de la fleur d'aubergine. Chaque représentation est précédée d'un bref commentaire expliquant les gestes complexes et les mouvements rituels sur lesquels repose ce théâtre dansé.

LES BACKWATERS

La traversée en bateau des backwaters constitue l'un des grands moments de la visite du Kerala. Alimentés par une multitude de cours d'eau issus des montagnes orientales, ces canaux emprisonnés derrière les bancs de sable de la côte relient un immense réseau de lagunes. À certains endroits, la barrière naturelle séparant le flot d'eau douce de l'océan est si ténue que l'on a l'impression de voguer en pleine mer. Parsemés d'îles et ourlés de palmeraies, les backwaters s'étendent sur 80 km et plus entre **Kollam**, au sud, Alappuzha et **Kottayam**, au nord. Puis ils se mêlent aux eaux saumâtres du gigantesque lac de Vembanad, qui se jette dans la mer à **Kochi**. D'étroits canaux ponctués de criques serpentent entre les vastes lagunes et l'intérieur de la campagne, tandis que de minuscules villages vivant de la pêche et du *coir* jalonnent les berges. Des douzaines d'embarcations empruntent ces voies d'eau d'un vert argenté, des lentes barges à voile carrée chargées de riz jusqu'aux minces bateaux-serpents à moteur circulant à toute vitesse, en passant par de minuscules radeaux de roseau circulaires. Tout au long du chemin se dressent les silhouettes squelettiques des carrelets chinois.

Il est possible d'effectuer une traversée de deux ou trois jours de Kochi à Kollam, mais la plupart des visiteurs optent pour l'excursion de six à huit heures entre Kollam et Alappuzha, ou le parcours de deux à trois heures entre Alappuzha et Kottayam. Il existe plusieurs départs par jour dans l'une ou l'autre direction. Les bateaux appartiennent à la Kerala Tourist Development Corporation, aux municipalités locales, ou encore à des compagnies privées. Ils transportent jusqu'à trente passagers, en dépit d'un pont et d'une cabine de tailles plutôt réduites. Un arrêt déjeuner est généralement prévu dans l'un des villages, ainsi qu'une étape baignade, plus tard dans l'après-midi.

LA POPULATION DES BACKWATERS

Les habitants de la région des backwaters vivent essentiellement de la pêche – aussi bien en bateau et radeau qu'à l'aide des carrelets chinois installés sur les rives – et de la culture de noix de coco – pour le *coir*, fibre épaisse utilisée dans la fabrication de cordes et tapis. Une fois vidées, les écales de coco attendent, sagement rangées le long des berges, d'être récupérées par les bateaux.

Kollam (Quilon)

À 120 km environ de Kochi, Kollam constitue l'extrémité méridionale du circuit des backwaters. Situé non loin de l'estuaire du **lac Ashtamudi**, qui s'ouvre sur la mer, le village ne présente aucun intérêt en lui-même, si ce n'est sa proximité avec la plage de **Thangasseri**, à 3 km au sud-est.

Alappuzha (Alleppey)

Terminus nord de la traversée, Alappuzha, à 45 km au sud de Kochi, est une petite bourgade animée, traversée de canaux reliant les backwaters à l'extrémité sud du **lac de Vembanad**. Des bateaux effectuent la pittoresque traversée de trois heures entre le lac et Kottayam. Les vrais amateurs de promenades en bateau peuvent faire durer le plaisir jusqu'à Kochi ou Ernakulam en traversant le lac.

Kottayam

Kottayam, troisième porte des backwaters, se situe à environ 25 km à l'est d'Alappuzha. Le village est relié au lac de Vembanad par son propre réseau de canaux. Mis à part un intérêt historique – c'est ici que saint Thomas effectua ses premières conversions –, le village n'offre rien de remarquable.

Ci-dessus : *barges à voile lourdement chargées de riz progressant lentement le long des canaux et lagunes des backwaters.*

Page ci-contre :
les bateaux-serpents, généralement équipés de moteurs, sont dirigés avec des pagaies à l'occasion des fêtes traditionnelles.

LES ÉPICES

Le Kerala produit la majorité des épices qui contribuent à donner à la cuisine indienne sa saveur particulière. La majeure partie du **poivre**, 60 % de la **cardamome** et presque tout le **gingembre** du sous-continent – et du monde – sont cultivés ici. La **noix de muscade** et le **piment rouge** font également partie des productions locales.

Le Karnataka et le Kerala en un coup d'œil

QUAND PARTIR ?

La période idéale pour visiter le **Karnataka** et le **Kerala** s'étend de **novembre** à **février**, lorsque les températures s'échelonnent entre 26 et 30 °C et que les précipitations restent faibles. De **mars** à **mai**, le temps est désagréablement chaud et sec. Les pluies débutent vers les mois de juin et juillet, pour s'intensifier en octobre.

COMMENT S'Y RENDRE ?

À destination de **Bangalore** : 2 à 3 bus partent chaque jour de Bijapur (8 h), Bombay (24 h minimum) et Ernakulam (10 h) ; de Mysore, 15 départs par jour (4 h). Plusieurs trains quittent quotidiennement Bombay, Bijapur, Hampi, Mysore et différentes villes du Sud et du centre de l'Inde. Un train par jour de Vasco Da Gama. Vols à partir de Goa, Bombay et toutes les grandes villes indiennes.
À destination de **Hampi** : liaisons en bus et en train à partir de Goa, Vasco Da Gama et Bangalore.
À destination de **Bijapur** : bus au départ de Hampi (4 h) et de Bangalore (8 h). Des trains partent également de ces deux villes.
De nombreux bus desservent **Aihole**, **Pattadakal** et **Badami**. De cette dernière ville partent plusieurs correspondances pour d'autres destinations : chaque jour, un bus (4 h) et 6 trains (3 h 30) se rendent à Bijapur, vers le nord, et à Hampi, vers le sud.

Les trois sites peuvent être découverts en bus local, mais, pour ceux qui bénéficient d'un budget plus confortable, il est plus judicieux de louer un taxi à partir de la gare ferroviaire de Badami.
Pour **Mysore**, liaisons en bus et en train à partir de Bangalore, Kochi ou Ernakulam (6 h).
Pour **Trivandrum** : bus à partir de Kochi (6 h) ; vols depuis Bombay (2 h 30) et Bangalore (1 h 30) ; vols internationaux à partir de Paris ou Londres (12-13 h).
À destination de **Kochi** : bus (8 h) et trains de Bangalore ; un vol quotidien à partir de Bangalore (1 h) et Trivandrum (30 min), et plusieurs par jour depuis Bombay (2 h 30).
Pour **Kollam** : il existe plusieurs départs en bus et train à partir de Kochi (3-4 h) et Trivandrum (1-2 h).
Alappuzha : bus fréquents (2-3 h) et bateaux, via les backwaters, depuis Kollam et Kochi ; plusieurs trains quotidiens (1-2 h) au départ d'Ernakulam.
Pour **Kottayam** : des cars attendent, à l'aéroport de Trivandrum, les passagers des voyages organisés. Les visiteurs indépendants peuvent choisir entre le bus – départ toutes les demi-heures environ (30 min de trajet) –, le taxi collectif ou le rickshaw.
La ligne ferroviaire côtière Konkan Railway relie désormais Bombay et Goa à Ernakulam (Kochi) et les villes du parcours.

MOYENS DE TRANSPORT

Bangalore : rickshaws et taxis circulent dans la ville ; les taxis se rendent dans les environs. Location de voiture avec chauffeur dans les grands hôtels.
Kochi/Ernakulam : taxis et rickshaws en ville ; bacs entre Ernakulam et Fort Cochin, Bolgatty et les îles. Location de bateaux sur le quai en face du Bolgatty Palace, sur le continent.
Mysore : taxis et rickshaws. Location de voiture avec chauffeur dans la plupart des grands hôtels et des agences de voyages.

HÉBERGEMENT

Bangalore
LUXE
Taj Residency Bangalore, 41-43 Mahatma Gandhi Road, tél. (080) 5584444. Géré par une grande chaîne indienne.
The Oberoi Bangalore, 37-39 Mahatma Gandhi Road, tél. (080) 5585858, fax 5585960. Exceptionnel.

PRIX MODÉRÉS
Ramanashree Comforts, 16 Rajaram Mohan Roy Road, tél. (080) 2225152, fax 2222124. Moderne, confortable et central.
New Victoria Hotel, 47-48 Residency Road, tél. (080) 5584076, fax 5584945. Ambiance coloniale pour ce petit hôtel situé dans des jardins.

Bijapur
ÉCONOMIQUE
Hotel Mayura Adil Shah, Anand Mahal Road, tél. (08352) 20934. Confortable et bon

Le Karnataka et le Kerala en un coup d'œil

marché, géré par la **Karnataka State Tourism Development Corporation**. L'annexe possède les meilleures chambres.

Mysore
LUXE
Quality Inn Southern Star, 13-14 Vinobha Road, tél. (0821) 438141, fax 429686. Nouvel établissement de standard international en centre-ville. Restaurants indiens et chinois, fitness et piscine.

PRIX MODÉRÉS / ÉCONOMIQUE
The Green Hotel, Chittaranjan Palace, 2270 Vinobha (Hunsur) Road, Jayalakshmipuram, tél. (0821) 512536, fax 516139. Ancien palais restauré situé au milieu d'allées verdoyantes. Le meilleur hébergement.

ÉCONOMIQUE
Hotel Metropole, 5 Jhansi-Lakshmibai Road, Chamundi Hills, tél. (0821) 520690, fax 520031. Magnifique hôtel à l'ancienne, avec ventilateurs et lits à colonnes.

Trivandrum
Les possibilités d'hébergement vont de la chambre chez l'habitant à l'hôtel récent – en général réservé par les voyagistes européens –, en passant par les petites pensions familiales.

Kochi / Ernakulam
PRIX MODÉRÉS
Taj Malabar Hotel, Willingdon Island, tél. (0484) 666811, fax 668279. Meilleur hôtel de Kochi, géré par le groupe Taj.

Il surplombe le port et possède une piscine.
Casino Hotel, Willingdon Island, tél. (0484) 668221, fax 668001. Bel hôtel dont le restaurant sert les meilleurs fruits de mer. Propose également des croisières sur les backwaters du Karala.

PRIX MODÉRÉS
The Metropolitan, South Railway Station, Kochi, tél. (0484) 369931, fax 360627. Climatisation dans les chambres.

ÉCONOMIQUE
Island Hotel Maharaj, Bristow Road, Willingdon Island, tél. (0484) 666816, fax 228101. Hôtel moderne et abordable à proximité de la gare.

Réserve naturelle de Periyar
PRIX MODÉRÉS
Le seul hébergement disponible est l'hôtel de la KTDC, installé dans l'ancien palais d'été du maharadjah de Travancore.

RESTAURANTS ET CAFÉS

En dehors des grandes villes, le choix se réduit à de simples établissements. Les restaurants les plus fiables sont ceux des hôtels.

Bangalore
Outre les restaurants des grands hôtels – où l'on peut manger européen, indien, chinois ou japonais –, la ville offre un choix considérable. Church Street, une rue parallèle à Mahatma Gandhi Road, regorge de restaurants et de bars, dont le **Coconut Grove** (terrasse, spécialités d'Inde du

Sud et bière à la pression). En face, le **Nasa Pub** est le cœur de la vie nocturne de Bangalore.

Mysore
La meilleure affaire de la ville reste le barbecue en plein air de l'**Hotel Metropole**, qui possède aussi un excellent restaurant à l'intérieur. L'**Hotel Durbar** offre un bon rapport qualité-prix et son restaurant installé sur le toit domine le parc de Mysore.

Trivandrum
Les restaurants d'hôtels servent en général une cuisine médiocre, tandis que les échoppes de plage restent l'endroit idéal pour déguster des fruits de mer bon marché. En revanche, les boissons sont chères. Ces établissements ferment de juin à septembre.

Kochi/Ernakulam
La terrasse de bord de mer du **Taj Malabar** est le lieu le plus distingué pour déjeuner ou dîner.

VISITES ET EXCURSIONS

À **Bangalore**, la **Karnataka State Tourism Development Corporation** tél. (080) 212901, organise chaque jour des visites. À **Mysore**, la **KSTDC** propose également des visites de la ville à la journée. **Réserve naturelle de Periyar** : le KSTDC y organise des excursions, ainsi qu'à Periyar.

ADRESSES UTILES

Kerala Tourism, tél. (0484) 330031.
Karnataka Tourism Tours, tél. 0175 2300.

8
Les sites du Maharashtra

Terre de contrastes, l'État du Maharashtra, au nord de Goa, est l'un des plus vastes du sous-continent. Sa capitale, **Bombay**, demeure pour beaucoup de gens la porte de l'Inde. Fief de l'empire marathe depuis le XVIIᵉ siècle, le Maharashtra est jalonné de nombreux forts et châteaux : autant de témoignages de la résistance acharnée qu'opposèrent les souverains hindous à l'empire **moghol**. Mais le territoire offre également des temples rupestres creusés voici plusieurs siècles par des bâtisseurs bouddhistes, jaïns et hindous. Ceux d'**Ajanta** et d'**Ellora** figurent parmi les plus beaux vestiges religieux au monde.

Depuis le littoral bordant la mer d'Oman, le relief s'élève progressivement pour culminer dans la chaîne montagneuse des **Ghâts occidentaux** et le plateau du **Deccan**. Il est relativement aisé de se déplacer à travers l'État : de fréquentes liaisons aériennes desservent Bombay et les principaux sites, des trains confortables et rapides relient les lieux les plus fréquentés et le réseau routier est bien entretenu. Durant l'époque coloniale, les Britanniques aménagèrent plusieurs lieux de villégiature pour échapper à la chaleur étouffante de Bombay. Parmi ceux-ci, **Pune** (Poona), **Mahabaleshwar** et **Matheran** allient un climat agréable à une atmosphère délicieusement désuète.

Aujourd'hui le Maharashtra est devenu un formidable centre économique, grâce aux industries lourdes, au secteur tertiaire et à l'activité import-export de Bombay. Comme partout en Inde, cependant, il suffit de sortir des grandes villes pour retrouver une vie rurale traditionnelle.

À NE PAS MANQUER

*** Ellora : enfilade de magnifiques temples rupestres creusés voici plus de mille ans.
*** Ajanta : grottes sacrées plus anciennes, décorées de splendides fresques et statues du Bouddha.
** Daulatabad : juchée au sommet d'une colline, une forteresse de plus de six siècles dotée d'imposants remparts et offrant une vue spectaculaire.

Page ci-contre : *des bouddhas sculptés gardent l'entrée des temples rupestres d'Ajanta, au Maharashtra.*

SHIVAJI

Le Maharashtra constituait le fief des **Marathes**, un peuple hindou guerrier qui s'illustra, au XVIIᵉ siècle, par sa lutte contre l'invasion musulmane. Leur premier chef, Shivaji, qui se révéla aussi le plus grand, parvint à repousser les Moghols de Delhi et créa un royaume indépendant. À sa mort, le pays devint une confédération de principautés marathes sur laquelle régnait, à partir de Pune, la dynastie des Peshwa. Les Marathes demeurèrent l'une des plus puissantes ethnies indiennes jusqu'à leur défaite contre les Anglais, en 1818.

AURANGABAD ET LES ENVIRONS

Cette ville de 600 000 habitants, située à 320 km environ à l'est de Bombay, constitue le point de départ de la visite des temples d'**Ajanta** et d'**Ellora**, ainsi que de la forteresse moghole de **Daulatabad**. Aurangabad compte également plusieurs grottes sacrées, quoique moins spectaculaires.

Grottes d'Aurangabad ★

À environ 4 km du centre-ville s'étendent deux ensembles de temples rupestres, distants l'un de l'autre d'environ 1 km. Façonnés dans la roche vers le VIIᵉ siècle, ils datent de l'époque bouddhique. Le groupe de l'est, dont les grottes s'ornent de sculptures du Bouddha, de demi-dieux et de démons, se révèle le plus intéressant.

Daulatabad ★★

La forteresse de Daulatabad se dresse à environ 16 km à l'ouest d'Aurangabad. Ses murs puissants furent érigés dans les années 1320 : le sultan de Delhi, **Muhammad bin Tughluq**, avait alors décidé de déplacer la capitale en ce lieu, tentant de forcer les habitants de Delhi à le suivre. Son projet échoua et Daulatabad fut à jamais désertée.

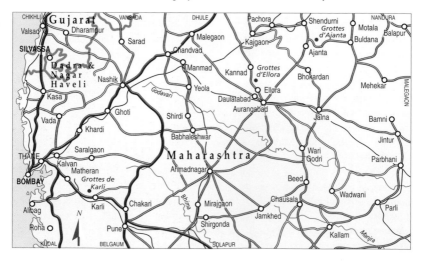

Ci-contre : *la falaise d'Ellora fut sculptée de représentations bouddhiques, jaïnes et hindoues pendant plus de quatre siècles, donnant naissance à un vaste site de grottes.*

Ci-dessous : *des fresques du Bouddha et de ses disciples ornent les plus anciens temples rupestres de l'Inde, à Ajanta.*

Ellora ★★★

À 30 km au nord-ouest d'Aurangabad, le site des grottes d'Ellora s'étend sur 2 km de collines et compte des temples bouddhiques, jaïns et hindous. Le premier site comprend trente-quatre grottes du IXᵉ au XIIIᵉ siècle, dont la moitié sont des sites hindous. Un second site, découvert en 1990 dans les collines surplombant Ellora, est en passe d'être mis à jour. Le plus spectaculaire, l'immense **temple hindou du Kailasha**, le plus important édifice monolithique au monde, présente de magnifiques sculptures illustrant des scènes du **Mahabharata** et d'autres épopées hindoues. Parmi les autres grottes renfermant des frises bien conservées, citons celles de Ramesvara, Dumar Lena et Das Avatara. Les cinq **temples jaïns** qui occupent le côté nord du site méritent également d'être visités pour leurs sculptures élaborées.

Ci-dessous : *les femmes du Maharashtra ont des costumes traditionnels comptant parmi les plus chatoyants de l'Inde.*

Ajanta ★★★

Les **temples rupestres bouddhiques** d'Ajanta, à 100 km au nord-est d'Aurangabad, comptent parmi les plus anciens du sous-continent. Certains remontent au IIᵉ siècle av. J.-C., époque à laquelle s'installèrent les premiers moines. Abandonnés au cours du VIIᵉ siècle, ces sites ne furent découverts qu'en 1819. Les **grottes** sont décorées de reliefs et de gigantesques **statues du Bouddha**. Les peintures murales réalisées dans les tons rouges, noirs, jaunes et bleus évoquent avec splendeur la vie et les disciples de ce dernier.

PUNE (POONA) ET LES ENVIRONS

Moderne et animée, la ville de Pune fut l'un des refuges favoris de la population britannique de Bombay pendant l'époque coloniale. Elle reste une destination privilégiée des habitants de la capitale, en particulier durant la mousson. Dans les années 1970 et 1980, Pune acquit une notoriété mondiale en accueillant les adeptes du culte de **Shri Baghwan Rajneesh**.

Le **temple rupestre de Panchaleshwar**, qui date du VIIIᵉ siècle, évoque ceux d'Ellora, bien qu'il n'en possède ni la taille ni la splendeur.

Le **musée de Raja Kelkar** expose une belle collection d'œuvres et d'objets très divers : miniatures hindoues, armes et armures, instruments de musique, meubles, etc.

Les 6 ha du merveilleux **jardin du mémorial national de Gandhi** entourent la tombe de Kasturba Gandhi, épouse du grand artisan de l'indépendance. C'est ici qu'elle mourut en 1944, prisonnière des Britanniques. Les membres de la famille Gandhi et les autres meneurs du mouvement « Quit India » furent en effet internés dans cet ancien palais de l'Aga Khan, offert au gouvernement indien en 1969.

Le Maharashtra en un coup d'œil

QUAND PARTIR ?

La meilleure période pour visiter le Maharashtra s'étend de **décembre** à **mars**, lorsque les précipitations demeurent faibles et que les températures maximales ne dépassent pas 30 °C. Évitez la saison chaude et sèche, en avril et mai, ainsi que la mousson, de juin à mi-octobre. Les pluies s'intensifient en juin et juillet, où des averses torrentielles marquent chaque journée.

COMMENT S'Y RENDRE ?

Aurangabad est desservi par des **vols** quotidiens à partir de Bombay (1 h environ). On peut également s'y rendre en **bus** à partir de Bombay (10 h) et de Pune (5 h environ). Entre Aurangabad et **Daulatabad**, comptez 30 min ; les liaisons sont fréquentes. D'Aurangabad, des véhicules partent toutes les heures à destination des **grottes d'Ajanta** (3 h) et toutes les demi-heures pour les **grottes d'Ellora** (30 min). **Pune** bénéficie de **vols** quotidiens au départ de Bangalore (2 h) et de Bombay (toutes les 45 min), ainsi que de **liaisons ferroviaires** depuis Bombay (3 à 5 h) et Bangalore (31 h).

MOYENS DE TRANSPORT

Taxis et **rickshaws** sont à votre disposition dans Aurangabad et Pune. Des **voitures** avec chauffeur peuvent être louées à la journée auprès des grands

hôtels et de la Maharashtra State Tourism Development Corporation. À Pune, les petits hôtels louent des **bicyclettes**.

HÉBERGEMENT

Aurangabad
LUXE
Ajanta Ambassador Hotel, Chikal Than, tél. (0240) 82211. Bon rapport qualité-prix. Piscine.

Welcomegroup, Rama International, Rajendra Prasad Marg, tél. (0240) 82241. Du très haut de gamme.

PRIX MODÉRÉS
Aurangabad Ashok Hotel, Rajendra Prasad Marg, tél. (0240) 24520. Hôtel confortable très bien situé dans sa catégorie.

Pune
PRIX MODÉRÉS
Hotel Blue Diamond, Koregoan Park, tél. (0212) 28735. Établissement confortable ; parmi les prestations proposées : piscine et salle de sport.

Hotel Saga Plaza, 1 Bund Garden Road, tél. (0212) 661880. Hôtel récent de catégorie moyenne ; piscine.

Hotel Aurora Towers, 9 Moledina Road, tél. (0212) 641818.

Le meilleur établissement de Pune.

RESTAURANTS ET CAFÉS

Aurangabad
En dehors des restaurants d'hôtels, il est difficile de bien manger à Aurangabad. Les restaurants de l'Ajanta Ambassador sont particulièrement recommandés.

Pune
Moledina Road est jalonnée d'établissements servant de la cuisine indienne, des hamburgers ou des menus internationaux.

Pour un repas haut de gamme, l'**Aurora Towers** offre un choix de restaurants servant une cuisine internationale, indienne ou chinoise.

VISITES ET EXCURSIONS

La **Maharashtra Tourist Development Corporation** (*voir* Adresses utiles) organise des excursions aux principaux sites, dont les grottes d'Ellora et d'Ajanta, à partir de Bombay.

ADRESSES UTILES

Indian Tourist Development Corporation, 123 Maharishi Karve Road, Bombay, tél. (022) 291585.

Maharashtra Tourist Development Corporation, CDO Hutments, Madame Cama Road, Bombay, tél. (022) 6713.

Informations pratiques

Offices de tourisme

Les **offices de tourisme de l'Inde** à l'étranger vous fourniront tous les renseignements nécessaires avant de partir.
France : 13, bd Haussmann 75009 Paris, tél. 01 45 23 30 45 ; fax 01 45 23 33 45.
Canada : 60 Bloor Street West, Suite n°1003, Toronto, Ontario, M4W 3B8, tél. (416) 962-3787 ; fax (416) 962 6219.
Suisse : 1-3, rue de Chantepoulet, 1201 Genève, tél. (022) 732-1813 ; fax 731-5660.
En Inde : les offices de tourisme, les itinéraires de circuits et la chaîne hôtelière Ashok sont gérés, au niveau national, par l'**Indian Tourism Development Corporation**, dont le siège est situé à New Delhi, ainsi que, dans chaque État, par les organismes de développement touristique correspondants. Bureau national de l'ITDC : 88 Janpath, New Delhi, tél. 332 0005.
Bombay and Maharashtra ITDC, 123 Maharishi Karve Road, Bombay, tél. (022) 291585.
Maharashtra TDC, CDO Hutments, Madame Cama Road, Bombay, tél. (022) 6713.
Goa ITDC, Communidade Building, Church Square, Panaji, tél. (0832) 223412.
Goa Directorate of Tourism, Tourist Home, Patto, Panaji, Goa, tél. (0832) 225583.
Karnataka ITDC , KFC Building, 48 Church Street, Kochi, tél. (0484) 579517.
Kerala ITDC, Willingdon Island, Kochi, tél. (0484) 340352.
Kerala TDC, Tourist Reception Centre, Shanmugham Road, Ernakulam, tél. (0484) 353234.

Formalités d'entrée

Tout visiteur se rendant en Inde doit être muni d'un visa. Le visa touristique est généralement valable 6 mois à partir de sa date d'émission (et non à partir de la date d'entrée dans le pays). Il doit être obtenu avant le départ auprès d'un consulat ou d'une ambassade de l'Inde. En France, cette formalité prend deux jours. Vous devez présenter un passeport en cours de validité, deux photos et un titre de transport aller-retour ou une attestation de l'agence de voyages.

Douane

Vous pouvez importer 1 litre d'alcool ou de vin et 200 cigarettes. Caméras vidéo, ordinateurs portables et autres appareils sophistiqués doivent faire l'objet d'une déclaration sur un formulaire de réexportation touristique (« tourist re-export form »).

Conditions sanitaires

Les vaccins contre le choléra, la typhoïde, la polio, la méningite, l'hépatite A et le tétanos sont fortement recommandés. Demandez conseil à votre médecin avant de partir. En Inde, le paludisme est endémique : un traitement préventif est nécessaire. Munissez-vous de suffisamment de produit antimoustiques, voire d'une moustiquaire. Ne buvez que de l'eau bouillie ou en bouteille ; vous pouvez éventuellement prévoir des comprimés de purification. Une bonne assurance (santé et accident) est indispensable.

Comment s'y rendre ?

Par avion : les principaux points d'arrivée, Bombay et New Delhi, sont desservis par des vols quotidiens d'Air India et d'autres grandes compagnies en provenance des capitales européennes et d'Amérique du Nord. Comptez entre 11 et 13 heures de voyage depuis l'Europe. Air India et les grandes compagnies aériennes relient également Bombay et New Delhi aux grandes villes d'Asie et d'Australasie.

Les correspondances pour Goa sont fréquentes ; elles sont assurées par des compagnies locales telles que Damania, East West Airlines, Indian Airlines et Modiluft, associée à Lufthansa.

Des vols charters directs à destination de Goa et de Trivandrum partent du Royaume-Uni et de l'Allemagne durant la saison touristique, entre septembre et avril.

Par la route : des bus longue-distance rejoignent Goa à partir de Bombay, Bangalore, Mysore et d'autres villes du Karnataka et du Maharashtra. Sachez cependant que les voyages ne sont pas de tout repos.

Par le train : des trains express relient Vasco Da Gama à Bangalore et Mysore. Depuis peu, la nouvelle ligne ferroviaire du Konkan assure une liaison directe à partir de Bombay.

Par bateau : un service de ferry régulier circule entre Bombay et Goa, sauf pendant la mousson.

Vêtements conseillés

Pour un séjour au bord de la mer, emportez le minimum : vous n'aurez besoin que de shorts et de t-shirts, sans compter que vous effectuerez certainement des achats sur place. Si vous avez l'intention de visiter des sites, et notamment des temples et des églises, ou de voyager à l'intérieur des terres, prévoyez une tenue correcte (couvrant les épaules et les jambes).

Monnaie et change

La monnaie indienne est la roupie, divisée en 100 paisas. Le change actuel est d'environ 6 roupies pour

1 franc français ou 6,56 euros. Vous pouvez **changer** vos devises dans les banques et les hôtels des grandes villes. Conservez vos reçus pour pouvoir revendre les roupies qui vous restent au moment du départ.

Si vous emportez des chèques de voyage, il est conseillé de les prendre en dollars : les autres monnaies sont moins largement acceptées. En dehors des grands hôtels, peu de commerçants prennent la carte de crédit. Lorsque vous changez de l'argent, demandez des petites coupures et des pièces : vous en aurez besoin pour payer les conducteurs de taxi et de rickshaw, qui prétendent fréquemment être à court de monnaie.

Le **pourboire** est de rigueur presque partout, mais il n'existe pas de pourcentage officiel. En général, quelques roupies suffisent.

Hébergement/Hôtels

Les régions touristiques telles que Goa proposent un vaste choix d'hébergement, de la plus modeste des pensions au plus luxueux des palaces. Vous serez surpris par la modicité des tarifs des grands hôtels par rapport aux standard internationaux.

Si les établissements de classe internationale offrent des prestations à l'avenant, ils pèchent parfois par la lenteur du service. En dehors des sentiers battus, les hébergements sont souvent rudimentaires, mais très bon marché.

Cafés/Restaurants

Parmi la population indienne, seul un très faible pourcentage peut se permettre de se restaurer dehors

SIGNALISATION ROUTIÈRE

La conduite individuelle n'est pas conseillée en Inde. Sachez que la signalisation routière, peu efficace, peut être la source de certains désagréments. Heureusement, la plupart des noms de rues et des enseignes sont en anglais, tout comme les noms des gares, les panneaux de renseignements et les horaires des trains.

ou de consommer autre chose que le plus simple des repas.

Les **restaurants** sont donc peu nombreux. Ils se concentrent dans les zones touristiques et les quartiers d'affaires des grandes villes. À Goa, de petits établissements à toit de palmes bordent chaque plage. Ils ferment durant la mousson (où ils sont en général à moitié démolis par le ressac), pour rouvrir à la belle saison.

Ne vous attendez pas à de longs menus élaborés. Vous aurez néanmoins presque toujours le choix entre plusieurs classiques internationaux – hamburgers, steaks, omelettes, etc. À Goa, les fruits de mer sont toujours un délice.

Les **hôtels** cinq étoiles des grandes villes proposent généralement deux ou trois restaurants : il s'agit souvent d'une cafétéria « internationale » et d'un ou plusieurs restaurants spécialisés dans la cuisine régionale, chinoise ou japonaise.

Les petits cafés, ou « hotels », s'adressent en premier lieu à une clientèle indienne, qu'elle soit locale ou de passage. Le menu, très simple, est très bon marché. Essayez au moins une fois l'une de leurs spécialités : le *thali* est un repas composé de différentes sortes de *dal* (lentilles), de condiments à base de légumes épicés, de fromage blanc et de yaourt.

En Inde, la **bière** et le **vin** sont onéreux et réservés aux plus aisés. La plupart des petits cafés et restaurants fréquentés par des Indiens ne servent pas d'alcool.

Transports

Avion : la compagnie nationale Indian Airlines assure un certain nombre de liaisons intérieures, en concurrence avec plusieurs compagnies privées, dont Modiluft, associée à Lufthansa, East West, Jet Airways , et Damania. La modicité des tarifs (par rapport aux prix occidentaux) et la lenteur des transports terrestres font de l'avion un mode de transport appréciable. Ces dernières années, la sécurité des vols intérieurs s'est beaucoup améliorée, bien qu'Indian Airlines souffre encore d'une mauvaise réputation dans ce domaine. Adressez-vous à une agence de voyages ou à votre hôtel pour réserver.

Train : Le réseau ferroviaire indien est l'un des plus étendus au monde. Le système de **classe** est assez compliqué : on a le choix entre 1re classe climatisée (« air-con ») ou non, couchette ou siège inclinable climatisés, 2e classe avec réservation ou sans. Les billets sont très peu onéreux. La 2e classe sans réservation est toujours extraordinairement bondée : évitez-la autant que possible. Les trajets en train peuvent être **réservés** auprès des hôtels, des agences de voyages ou aux guichets informatisés d'Indian

Railways, situés dans les halls de départ de toutes les gares principales, même des agglomérations modestes.

L'Indrail Pass proposé par Indian Railways permet de prendre n'importe quel train sur une période de 24 heures, mais aussi sur 7, 15, 30, 60 ou 90 jours. Cet abonnement est disponible dans toutes les agences de voyages.

Bombay possède deux gares principales. Les trains Central Railways partent de la gare de **Victoria Terminus** (rebaptisée Chatrapati Shivaji Maharaj Terminus), située non loin du quartier du fort. Ils desservent le Karnataka, le Maharashtra et Goa, ainsi que le Madhya Pradesh, l'Uttar Pradesh, l'Haryana et le Rajasthan. De **Central Station**, au nord du centre-ville, les lignes relient Agra et New Delhi, ainsi que le Rajasthan et le Gujarat.

La gare principale de Goa est Vasco Da Gama. Elle n'assure de correspondances qu'avec le Karnataka. Une nouvelle ligne, la Konkan, fonctionne depuis peu ; elle dessert le littoral du Maharashtra, vers le nord, et celui du Karnataka, vers le sud.

Aurangabad, Pune, Bijapur, Bangalore, Mysore, Kochi, Kollam et Trivandrum sont toutes des villes de correspondance.

Bus : des bus longue-distance relient Goa avec tous les États voisins. Si les tarifs sont très bas, le confort est à l'avenant. À n'envisager qu'en dernier recours.

Taxi : les taxis ordinaires sont noirs avec un toit jaune. Normalement, ils sont équipés d'un compteur, mais curieusement, en présence d'un touriste, celui-ci tombe presque toujours en panne. Insistez pour que le conducteur l'enclenche ou mettez-vous d'accord sur le tarif de la course avant de monter. Sinon, trouvez une autre voiture.

Rickshaw : ce véhicule tenant à la fois du scooter et du chariot possède, derrière le chauffeur, un banc pour deux personnes, en partie recouvert d'une capote. Comme les taxis, ils sont théoriquement équipés d'un compteur, mais les courses font généralement l'objet d'âpres négociations. Peu de conducteurs de rickshaw parlent l'anglais.

Location de voiture : la location d'une voiture individuelle n'est pas conseillée en raison des

---

AMBASSADES DE L'INDE À L'ÉTRANGER	
France : 20, rue Albéric Magnard 75016 Paris, tél. 01 40 50 71 71.	**Canada :** 10 Springfield Road, Ottawa, Ontario, K1M 1C9, tél. (613) 744 3751 ;
Belgique : 217, chaussée de Vleurgat, 1050 Bruxelles, tél. (02) 640 98 02 ; fax (02) 648 96 38.	**Suisse :** Effingerstrasse 45, CH-3008 Berne, tél. (031) 38 23 111 ; fax : (031) 38 22 687.

JOURS FÉRIÉS

6 janvier •
Reis Magos, fête chrétienne
des Rois mages
26 janvier •
Fête de la République
2ᵉ dimanche après Pâques •
Fête de Notre-Dame-des-Miracles
13 juin •
Fête de saint Antoine
24 juin •
Fête de saint Jean Baptiste
29 juin •
Fête de saint Pierre
Août •
Janmashtami : anniversaire
de la naissance de Krishna
15 août •
Fête de l'Indépendance
21-24 août •
Fête de la moisson
2 octobre •
Gandhi Jayanti : anniversaire
du Mahatma Gandhi
Octobre/début novembre •
Divali : Nouvel An hindou et fête
des lumières, célébrés par des
feux d'artifice et des défilés
25 décembre • Noël

dangers spécifiques de la circulation en Inde. La location d'un véhicule avec chauffeur s'effectue auprès des grands hôtels, des agences de voyages, des offices de tourisme et des sociétés de location.

Moto : il est possible de louer une moto dans nombre de stations balnéaires goanaises. L'entretien et les normes de sécurité laissent souvent à désirer, et le casque n'est généralement pas fourni. Ne vous lancez dans l'aventure que si vous connaissez bien les deux-roues et la mécanique.

Heures d'ouverture

Les **banques** ouvrent de 10 h à 14 h du lundi au vendredi et de

10 h à 12 h le samedi. Les bureaux de poste sont ouverts de 10 h à 17 h en semaine et de 10 h à 12 h le samedi. À Goa, beaucoup de **magasins** ferment aux environs de midi pour rouvrir en fin d'après-midi. En raison de la diversité religieuse de sa population, l'Inde vit au rythme d'une multitude de fêtes régionales et religieuses, qui sont autant de jours fériés pour les commerces et les bureaux.

Décalage horaire
GMT + 5 h 30.

Moyens de communication
Les services **postaux** indiens sont lents mais fiables. La plupart des hôtels touristiques vendent des timbres et assurent les communications internationales directes par **téléphone** et par **fax**. Celles-ci peuvent cependant demander un certain délai, tout comme, d'ailleurs, les appels locaux. Le système indien d'indicatifs téléphoniques est extrêmement compliqué. Seules les grandes villes sont joignables directement, et encore, pas toujours : il faut alors passer par un opérateur. Dans toute l'Inde, des cabines publiques STD/ISD (téléphone et fax) sont présentes dans les agences de voyages, magasins et autres bureaux.

Un centre téléphonique et de télécopie STD/ISD d'État fonctionne 24h/24 à Bombay : Videsh Sanchar Bhavan, Mahatma Gandhi Road, Bombay 400 001, tél. (022) 204 2728. Sachez cependant que, chaque année, des milliers de numéros de téléphone sont supprimés. Ceux

que nous mentionnons dans ce guide sont donc sujets à modification. Pour obtenir les renseignements, composez le 191. Le code téléphonique international de l'Inde est le 00 91.

Électricité
En Inde, le courant est de 230-240 volts et les prises sont bipolaires.

Poids et mesures
L'Inde utilise le système **métrique**.

Précautions sanitaires
Avant de partir, il est indispensable de demander conseil auprès d'un médecin afin de prendre toutes les précautions nécessaires. Certaines vaccinations doivent être effectuées plusieurs semaines à l'avance.

Il est essentiel de prendre une **assurance** santé prévoyant la possibilité d'un rapatriement d'urgence. Où que ce soit en Inde, ne buvez jamais l'**eau du robinet** sans qu'elle soit bouillie ou stérilisée par vos soins. Emportez des comprimés de purification, disponibles partout en France et ailleurs, ainsi qu'une gourde si vous prévoyez de sortir des sentiers battus : vous trouverez peut-être difficilement de l'eau en bouteille.

Question nourriture, on ne peut jamais être sûr de rien en Inde, et les hôtels de luxe n'échappent pas à cette règle. En général, vous devrez vous fier à votre appréciation quant aux conditions d'hygiène des établissements. Nombre de voyageurs choisissent de ne pas consommer de viande, la cuisine végétarienne présentant apparemment moins de risques pour la santé.

Le **paludisme**, ou **malaria**, est présent dans le Sud du sous-continent. Il existe des traitements préventifs, que vous prescrira votre médecin, mais le meilleur moyen d'éviter la maladie reste encore de ne pas se faire piquer par les moustiques. Un répulsif contenant du diéthyl toluamide peut être appliqué sur la peau, les cheveux et les vêtements. Quant aux moustiquaires, vous pouvez vous en procurer dans les magasins spécialisés de votre pays ou à votre arrivée en Inde.

Prenez les **coups de soleil** et les insolations au sérieux. Ne vous exposez pas trop longtemps et couvrez-vous. Buvez beaucoup de boissons non alcoolisées pour éviter la déshydratation.

À LIRE

• Salman Rushdie, *Le Dernier Soupir du Maure*, 10/18, 1998.

• V.S. Naipaul, *L'Inde, un million de révoltes*, 10/18, 1994.

• E.M. Forster, *La Route des Indes*, 10/18, 1982.

• Hermann Hesse, *Siddharta*, le Livre de Poche.

• Arundhati, Roy, *Le Dernier des petits rien*, Gallimard, 1998.

• Larry Collins et Dominique Lapierre, *Cette nuit la liberté*, Laffont, 1992.

• Claude Markovits (sous la direction de), *L'Histoire de l'Inde moderne*, 1480-1950, Fayard, 1994.

Méfiez-vous des petites coupures et autres éraflures, qui peuvent s'infecter rapidement. Lavez soigneusement la plaie et appliquez un antiseptique.

Santé

La plupart des hôtels cinq étoiles convoquent, à la demande, un médecin par téléphone. En cas d'urgence, préférez une clinique privée aux hôpitaux publics. Une clause de rapatriement doit figurer dans votre assurance santé.

Sécurité

Si les agressions criminelles sont rares en Inde, le **vol** fait partie des désagréments possibles. Ne laissez jamais vos passeport, argent en espèces, chèques de voyage, documents de voyage et autres objets de valeur dans votre chambre. Portez-les sur vous ou confiez-les au coffre de l'hôtel.

Les effets laissés sans surveillance sur la plage attirent particulièrement la convoitise. De même, surveillez vos bagages dans les trains. Une déclaration de vol au commissariat est un processus bureaucratique de longue haleine.

La consommation de **drogues**, et en particulier de marijuana, est très répandue à Goa. Pour pallier ce phénomène, les autorités ont choisi d'infliger de lourdes peines d'emprisonnement aux contrevenants, dont certaines peuvent atteindre 10 ans.

Il vous arrivera certainement d'être abordé par un revendeur de drogue. Soyez prudent et sachez que nombre d'entre eux agissent également en tant qu'indicateurs

pour la police, à moins qu'ils ne soient de simples policiers en civil.

Urgences

Ambulance : Bombay, tél. 102 ; Goa, tél. 5926/2211.
Police : tél. 100.

Savoir-vivre

La pudeur fait partie des valeurs indiennes. Si les tenues de plage sont bien acceptées au bord de la mer, elles le sont mal ailleurs et pas du tout dans les églises, mosquées, temples et monuments nationaux.

Ôtez vos chaussures avant de pénétrer dans un lieu de culte. En voyage d'affaires, il convient de porter veste et cravate pour un homme, tenue stricte pour une femme. Et si vous êtes en vacances, sachez que vous recevrez un meilleur accueil dans les lieux officiels comme la poste, les commissariats de police, les bureaux de réservation, etc. si vous êtes correctement vêtu.

Le monokini et le naturisme sont tolérés sur certaines plages de Goa, mais ils suscitent une grande curiosité chez les Indiens.

Langues

L'Inde est une mosaïque de langues. On y répertorie 15 langues principales et des centaines de dialectes. Bien que l'hindi soit la langue nationale officielle, elle est loin d'être couramment pratiquée dans le Sud du sous-continent.

Dans tout le pays, l'anglais est largement utilisé, que ce soit dans les magasins, les bureaux ou les hôtels. Presque tous les Indiens ayant reçu une éducation le parlent.

INDEX

Les numéros en **gras** renvoient aux photographies.

NOMS DE LIEUX

Certains lieux en Inde ont récemment repris leur nom d'origine. Cette liste fournit les anciennes et les nouvelles appellations des principaux lieux mentionnés dans ce guide. Les noms que nous avons choisi d'adopter dans cet ouvrage sont signalés par un astérisque.